上海市哲学社会科学规划项目（2018BGL015）：
乡村振兴战略下生鲜农产品智慧零售商业模式研究最终研究成果
上海社会调查研究中心上海海洋大学分中心研究成果

都市生鲜农产品
融合销售研究：
以上海为例

李玉峰　徐璞　李永航 —————— 著

上海交通大学出版社
SHANGHAI JIAO TONG UNIVERSITY PRESS

内容提要

生鲜农产品线上线下销售渠道的发展及有效融合有利于满足人民对美好生活的需要。本书基于上海的实践，全面系统地分析了都市生鲜农产品的销售问题。从"政府—新型农业经营主体—消费者"视角出发，通过实地考察、深度访谈、典型案例分析与问卷调研，分析都市生鲜农产品销售渠道的发展现状，明确现存问题与原因，旨在为政府政策制定及新型农业经营主体高质量发展提供针对性建议，对其他都市地区生鲜农产品销售渠道建设具有一定的示范效应与参考价值。本书的读者对象为农业经济管理专业相关研究人员及从业人员。

图书在版编目(CIP)数据

都市生鲜农产品融合销售研究：以上海为例/ 李玉峰,徐璞,李永航著. —上海：上海交通大学出版社，2024.4
ISBN 978-7-313-30274-8

Ⅰ.①都… Ⅱ.①李… ② 徐… ③ 李… Ⅲ.①农产品—市场营销学—研究—上海 Ⅳ.①F724.72

中国国家版本馆 CIP 数据核字(2024)第 044017 号

都市生鲜农产品融合销售研究：以上海为例
DUSHI SHENGXIAN NONGCHANPIN RONGHE XIAOSHOU YANJIU：YI SHANGHAI WEI LI

著　者：李玉峰　徐　璞　李永航
出版发行：上海交通大学出版社　　　　　　　　地　　址：上海市番禺路 951 号
邮政编码：200030　　　　　　　　　　　　　　电　　话：021-64071208
印　　制：上海新华印刷有限公司　　　　　　　经　　销：全国新华书店
开　　本：710 mm×1000 mm　1/16　　　　　　印　　张：10.5
字　　数：145 千字
版　　次：2024 年 4 月第 1 版　　　　　　　　印　　次：2024 年 4 月第 1 次印刷
书　　号：ISBN 978-7-313-30274-8
定　　价：69.00 元

前　言

　　食为人天,农为正本;务农重本,国之大纲。重视农业,夯实农业基础才能固本安民。党的二十大报告指出,全面推进乡村振兴,要坚持农业农村优先发展,坚持城乡融合发展,畅通城乡要素流动。一方面,"三农"问题历来备受关注,直接关系着农业发展、农村稳定和农民幸福。解决"三农"问题的根本目标就是让农民富裕起来。其中,农产品销售是关键。在农产品销售上,"卖难买贵""菜贱伤农""丰产不丰收"等因产销信息不对称导致的问题长期存在,打造高效的农产品销售渠道,有助于实现农产品的供求均衡,继而促进农民增收、巩固社会稳定。另一方面,新时代乡村振兴战略的总要求是"产业兴旺、生态宜居、乡风文明、治理有效、生活富裕"。其中,产业兴旺是解决农村问题的前提。而农村重要的产品就是农产品,农产品销售要适应市场需求变化,加快优化升级,形成线上线下相融合的新业态。

　　本书以新型农业经营主体生鲜农产品的销售行为作为主要研究对象。新型农业经营主体是拓展生鲜农产品线上销售渠道、推进销售渠道深度融合与农产品品牌建设的重要主体,对其销售渠道选择及销售行为特征进行研究,有利于明确生鲜农产品产销衔接中的薄弱环节,并结合多方力量采取措施,促进生鲜农产品供给与消费的高效衔接;有利于农产品生产经营管理相关方把握生鲜农产品销售渠道发展趋势,对培育新型农民与实现农民增收具有重要的现实意义。

　　笔者所在研究团队以实地调查为基础,以上海市为例,总结都市农业发展中生鲜农产品销售渠道建设的实践经验,对其他城市发展生鲜农产品线下、线上销售以及促进渠道融合具有重要的参考价值。一是上海市政府积极贯彻国家乡村振兴战略要求并深度关注"三农"问题，在《上海市乡村振兴"十四五"规划》中提出，要让农产品营销服务快速成长，线上线下相结合的生鲜农产品新零售逐渐成为农产品营销的新模式。同时，《上海市推进农业高质量发展行动方案（2021—2025年）》也提出实施五大行动，在产业融合增效行动中指出要建设产业融合发展平台，推进农村电商等新产业、新业态的融合发展。二是上海农村在超大城市发展中发挥着重要的保障供给功能，为上海这个超大城市提供高品质生鲜农产品，同时具有良好的发展现代农业、绿色农业、高质量农业基础，创造了实现农产品线上、线下销售及融合的软硬件条件，具有典型的示范作用。

全书分为五章。第一章梳理了我国不同发展时期的农产品流通政策，剖析了农产品流通的重要性，归纳了上海市支持生鲜农产品流通的特色举措，展现了都市农产品流通业的发展环境。第二章综述了生鲜农产品的销售现状，以上海市消费者为样本进行调研，了解消费者对普通生鲜农产品及区域公用品牌生鲜农产品的购买与认知情况。第三、四章从新型农业经营主体视角出发，分析了上海市新型农业经营主体其产品线下、线上销售情况，剖析了上海市新型农业经营主体线下、线上销售的典型案例，并就生鲜农产品线下、线上销售的未来发展提供相关建议。第五章分析了生鲜农产品线上、线下销售融合的内外动因，归纳了生鲜农产品线上、线下销售融合的主要模式，并对典型案例进行了分析。在此基础上，本书总结了生鲜农产品线上、线下销售融合的现存问题，结合当前面临的挑战，提出了生鲜农产品线上、线下销售融合发展的建议。

目　　录

第一章
农产品与生鲜农产品流通

　　农产品是来源于种植业、林业、畜牧业和渔业等的初级产品[①]，在居民消费中占有非常重要的地位。本书所说生鲜农产品，主要包括蔬菜、瓜果、水产品和肉禽蛋奶。农产品流通连接着生产和消费，传递着市场供求信息，在国民经济发展中具有举足轻重的作用。本章梳理了我国不同发展时期的农产品流通政策，剖析了农产品流通的重要性，总结归纳了上海市支持生鲜农产品流通的特色举措，展现了都市农产品流通业的发展环境。

第一节　新中国成立以来我国农产品
流通政策的演进分析

一、国家干预下的市场调节期（1949—1952 年）

　　新中国成立初期，我国农产品流通市场实施国家干预下的市场调节机制。此阶段，我国处于国民经济恢复时期，国民经济存在多种经济成

---

　　① 中华人民共和国农产品质量安全法［EB/OL］.（2022 - 09 - 02）［2023 - 07 - 30］. http://www. npc. gov. cn/npc/c30834/202209/666ec644e17d411ca0a2b1b01fb9 f438.shtml.

分，总方针和总任务是发展新民主主义经济①。1949年9月29日，全国政协第一次会议通过的《中国人民政治协商会议共同纲领》规定："保护一切合法的公私贸易。""在国家统一的经济计划内实行国内贸易自由。"

1949—1950年，确保农产品贸易有序进行成为当时经济发展的重点。长期战争造成城乡分割、交通运输设施破坏，再加上通货膨胀的影响，城乡之间的商品流通严重受阻。1950年，农业在当时大力发展生产的背景下迅速恢复，农产品产量迅速增加，而城市在"统一财经"②背景下出现暂时性的需求不足，此时扩大工农产品的交流，提高农民购买力，就成为促进工农业经济复苏的关键。为了保证国内包括农产品贸易在内的商品交易有序进行，1950年11月发布了《关于取缔投机商业的几项指示》，要求对影响人民生产及生活，捣乱市场的投机商业，予以严格的处分及取缔，而对正当合法的经营，应贯彻在国家统一的经济计划内实行贸易自由的政策。

1951—1952年，国家采取措施进一步打通农产品流通环节。1951年3月，中共中央发布《关于召开土产会议加强推销土产的指示》，指出推销农副产品成为目前广大农民最迫切的要求。随后为了进一步扩大在农产品城乡之间、地区之间的流通，1952年11月，中共中央发布《关于调整商业的指示》，提出取消各地对私营商业的各种不当限制，禁止各地交易所的独占垄断性行为，并对各种农副产品固定适当的比价。

---

① 新民主主义经济，即中国进入社会主义以前，以社会主义性质的国营经济为领导的，由国营经济、合作经济、个体经济和私人资本主义经济等多种经济成分组成的过渡性经济。

② 1950年3月3日，政务院颁布《关于统一国家财政经济工作的决定》，主要内容如下：统一全国财政收入，使国家收入的主要部分集中到中央，用于国家的必要开支；统一全国物资调度，使国家掌握的重要物资从分散状态集中起来，合理使用，以调剂余缺；统一全国现金管理，一切军政机关和公营企业的现金，除留若干近期使用者外，一律存入国家银行，资金的往来使用转账支票经人民银行结算。由此建构了以集中统一为基础的财经管理体制的雏形。

表 1-1 汇总了国家干预下的市场调节期的相关政策。这个时期的农产品流通以市场调节机制为主，一定程度的市场调节调动了农民生产的积极性，同时国家会进行必要的行政干预，维护了市场的稳定。

表 1-1　国家干预下的市场调节期我国农产品流通相关政策

时　间	文　件	主　要　内　容
1949 年 9 月	《中国人民政治协商会议共同纲领》	关于商业：保护一切合法的公私贸易。实行对外贸易的管制，并采用保护贸易政策。在国家统一的经济计划内实行国内贸易自由，但对于扰乱市场的投机商业必须严格取缔
1950 年 11 月	《关于取缔投机商业的几项指示》	列举了 8 类扰乱市场的投机商业行为，并规定对这 8 类行为严格加以取缔：不在各该当地人民政府规定之交易市场内交易者；买空实空、投机捣把企图暴利者；故意抬高价格抢购物资或出售物资及散布谣言，刺激人心，致引起物价波动者；等等
1951 年 3 月	《关于召开土产会议加强推销土产的指示》	推销大量的商品粮食、经济作物、出口物资和占农业收入很大比重的农副产品成为目前广大农民最迫切的要求
1952 年 11 月	《关于调整商业的指示》	为了保障人民利益，畅通城乡交流，为了提高私营经济的积极性，除了合理调整价格和适当划分经营范围之外，还应取消各地对私商的各种不当的限制，禁止各地交易所的独占垄断行为。中央商业部对于各种农业副产物，应固定适当的比价

二、统购统销时期（1953—1977 年）

1953 年，社会主义三大改造完成，原有的私营和个体商业经过社会主义改造过渡到了国营和集体经济，我国农产品流通开始进入"统购统销"时代。这个阶段，我国人口增长迅速，消费需求增大，农产品市场供需紧张，私商投机倒把现象加剧。在此背景下，中共中央于 1953 年 10 月 16 日讨论并通过《关于实行粮食的计划收购与计划供应的决议》。该决议指出，由于城市和工业的需求逐年增大，人民生活水平逐年提高，食用量增多，特别是由于粮食自由市场的存在和粮食投机商人的捣乱，使农村中的余粮户，贮存观望，等待高价，不愿迅速出卖粮食，反映到供销上面，则是国家粮食收购计划不能按期完成，粮食销售却远远超出计划，造成供销不平衡，市场紧张；解决的根本办法是在全国范围内采取四项严格的互相关联的统购统销措施，除少数偏僻地区和某些少数民族地区之外，这些措施必须在全国各地同时实行；决议规定了实行计划收购的八项办法和实行粮食市场的严格管理的七项措施，并明确了统购统销实施的时间安排。

1954年后，国家不断扩大实行统购统销政策的农产品范围。1954年9月，周恩来总理签署《关于实行棉花计划收购的命令》。1955年4月，中共中央、国务院发布《关于加紧整顿粮食统销工作的指示》；同年8月，国务院发布《农村粮食统购统销暂行办法》。1957年8月，国务院又发布《关于由国家计划收购（统购）和统一收购的农产品和其他物资不准进入自由市场的规定》，进一步扩大了农产品统购统销的范围。1961年1月，中共中央发布的《关于目前农产品收购工作中几个政策问题的规定》将农产品分成了三类，规定对粮食、棉花和食油（第一类物资）进行统购统销，对其他重要农产品（第二类物资）进行派购，对统购统销和派购外的其他农产品（第三类物资）进行议购。1962年9月，中共中央发布的《关于商业工作问题的决定》指出："农副产品的收购，分别采取统购、派购和议购的办法。"在以后的很长时期内，国家一直把统购、派购和议购作为农副产品收购的基本政策。

统购统销阶段农产品流通渠道呈现纵向、分段式的流通结构，终端业态为国营商业公司和供销合作社，农产品购销环节基本分离，行政手段逐步取代市场手段对农产品市场进行调节，市场交易方式以指令性交易为主。这种模式在初期有稳定粮价和保障供应的作用，但打击了农户生产的积极主动性，长远来看阻碍了农业经济发展。如表1-2所示，笔者汇总了统购统销发展期的相关农产品流通政策。

表1-2　统购统销发展期农产品流通相关政策

时　间	文　件	主　要　内　容
1953 年 10 月	《关于实行粮食的计划收购与计划供应的决议》	决议规定了实行计划收购的八项办法和实行粮食市场严格管理的七项措施,并明确了统购统销实施的时间安排
1954 年 9 月	《关于实行棉花计划收购的命令》	决定从一九五四年秋季新棉上市时,在全国范围内实施棉花的计划收购(简称统购)
1955 年 4 月	《关于加紧整顿粮食统销工作的指示》	整顿统销工作的内容,首先是而且主要是压缩不应供应的部分,来保证合理的供应,保证国家销售指标不被突破
1955 年 8 月	《农村粮食统购统销暂行办法》	贯彻粮食统销统购政策,实现农村粮食统销统购的制度化
1957 年 8 月	《关于由国家计划收购(统购)和统一收购的农产品和其他物资不准进入自由市场的规定》	规定由国家计划收购(统购)和统一收购的农产品和其他物资不准进入自由市场
1961 年 1 月	《关于目前农产品收购工作中几个政策问题的规定》	国家对粮食、棉花、食油(第一类物资)的统购统销政策,对其他重要农产品(第二类物资)通过合同进行派购的政策,必须坚持。除了统购统销的农产品和通过合同进行派购的重要农产品以外,还有许多其他农产品(第三类物资)。对于第三类物资,国家不规定派购任务,允许公社、生产队、生产小队和社员个人在国家指定的农村集市上出售,可以自己决定出售价格,可以买卖双方自由议价
1962 年 9 月	《关于商业工作问题的决定》	农副产品的收购,分别采取统购、派购和议购的办法

三、农产品批发市场发展期(1978—1999 年)

　　1978 年后,统购统销的政策逐渐被废除,市场经济的自由购销体制初步建立。1978 年，中国共产党第十一届中央委员会第三次全体会议在北京举行，全党的工作重心逐步转移到社会主义现代化建设上来，开始实行改革开放政策。对内改革以农村实行"分田到户、自负盈亏"为起点，即家庭联产承包责任制开始取代人民公社制度。随着家庭联产承包责任制的实施、人民公社制度的解体，农产品流通体制也开始突破传统的计划经济体制，逐渐向市场经济体制发展。

1983 年 2 月，国务院批转《国家体改委、商业部关于改革农村商业流通体制若干问题的试行规定》并发出通知："面对农村商品生产迅速发展和商品交换规模日益扩大的新形势，农村商品流通体制的改革，已经势在必行。"同年 3 月，我国农产品批发市场建设发生历史性转折——山东寿光蔬菜批发市场建立。在国家政策的引导下，部分农副产品开始被允许流通。1984 年底，统购统销的农产品由 180 多种减少到 38 种，部分农副产品的价格开始由市场进行自由调节。这一阶段，中国农产品实现了从禁止自由流通到部分开放的自由流通的转变。

在家庭联产承包责任制和先行放开的农产品收购价格与集市贸易的相互配合下，国内长期存在的农产品供应匮乏状况得到了根本好转。中共中央、国务院于 1985 年 1 月发布《关于进一步活跃农村经济的十项政策》，文件指出"改革农产品统派购制度。从 1985 年起，除个别品种外，国家不再向农民下达农产品统购派购任务，按照不同情况，分别实行合同定购和市场收购"。于是，实行了 30 多年的统购派购体制被取消。因此，该文件的发布成为中国农产品购销体制由统购统销走向"双轨制"的转折点。实行"双轨制"后，一些关系国计民生的重要农产品，仍由国家实行较大比重的指令性计划管理，国家直接掌握价格调整和产品购销；计划外部分则实行市场调节，按市场议价运行，价格涨落主要取决于市场供求关系的变化。

1985 年，我国放开经营产品的批发市场，建立农产品批发市场，水果、蔬菜等批发市场相继出现。这一时期，全国集市数量、农产品集市成交额均得到大幅提升。至 1993 年，全国城乡集市数量增长到 83 001 个，农产品集市成交额达到 5 343 亿元,占社会商品零售总额的 28.03%[①]。

到 20 世纪 90 年代,以批发市场为核心的流通格局被建立起来,基本的"五站式"流通模式,即农户—产地批发市场—销地批发市场—农贸市场—消费者的流通模式初具雏形,全国大市场、大流通的新格局也初步形成。1993 年 2 月,国务院发布的《关于加快粮食流通体制改革的通知》中明确规定:"积极稳步放开粮食价格和经营。""争取在两三年内全部放开粮食价格。"此后,从消费需求和产品供给两个方面拉动重要农产品销售的城市销地批发市场和农村产地批发市场得以快速发展,逐步形成了跨区域、大范围、多品种的农产品批发市场网络。从此时开始,农产品批发市场成为农产品大流通的枢纽和最重要的农产品流通渠道,预示着中国的农产品流通正式走向了市场化。

四、"农超对接"发展期(2000—2012 年)

"农超对接"是指农户和商家签订意向性协议书,由农户向超市、菜市场和便民店直供农产品的新型流通方式,主要是为优质农产品进入市场搭建平台。"农超对接"以促进新农村建设和城乡协调发展为宗旨,以建立符合中国特色的现代农产品流通体系为总体要求,是发展现代农产品流通业、建设现代农产品流通体系的重要工作任务。实施"农超对接"模式,是积极探索推动生鲜农产品销售的有效途径和措施,是减少农产品流通环节、降低流通成本、提高农产品质量水平的有效手段,既有利于生产方实现农产品规模化、标准化生产,也有利于为消费方打造安全、高效的流通链条和舒适便捷的消费环境。

进入 21 世纪后,农贸市场超市化即"农改超"逐渐被推广开来。随着商贸流通业改革开放的不断深入,"麦德龙""沃尔玛"等全球商贸巨头先

---

① 国家工商局信息中心.1993 年全国城乡集贸市场成交额达 5343 亿[J].中国工商管理研究,1994(4):9.

后进入我国，"好又多""新华都"等大型超市相继开业。与这些规模大、档次高、管理规范的超市及大卖场相比，农贸市场固有的环境脏、服务差、产品劣、价格乱等弊端逐渐凸显出来。2000 年，以福州模式为典型代表的"农改超"获得成功后，改革开始在全国范围推广。地方各级政府积极主导推动"农改超"，不仅是为了改善市容市貌，更重要的是发布的希望以连锁企业的自我约束力，解决食品安全问题。2004 年，《中共中央国务院关于促进农民增加收入若干政策的意见》，商务部等部门发布的《关于进一步做好农村商品流通工作意见的通知》，以及商务部、科技部、财政部等十一个部委联合印发的《三绿工程五年发展纲要》均提出，鼓励有条件的农贸市场改建为超市，提升连锁超市销售生鲜食品的比重。

随着我国农业产业化的发展，诸多优质生鲜农产品需要更广阔的销售市场，不断增加的超市为其销售提供了平台。传统的农产品销售方式，一方面难以在消费者心中树立起安全可信赖的形象；另一方面也难以保障生态农业基地生产的优质生鲜农产品的市场价值。很多特色生鲜农产品局限在产地，无法进入大市场流通，致使生产与销售脱节。但生鲜农产品销售困难的局面在大型连锁超市和农民专业合作社的快速发展中迎来了转机，"农超对接""农社对接"等新型流通模式可以解决生鲜农产品销售困难的问题。

2011 年 2 月 23 日，商务部、农业部（农业农村部的前身）发布的《关于全面推进农超对接工作的指导意见》提出："全面推进农超对接工作，建立保证农产品市场供应和价格基本稳定的长效机制。"国家支持"农超对接"的政策措施主要有以下三个方面。

（一）加大农超对接政策支持力度

加大农超对接政策支持力度，主要体现在基础设施支持、财政补贴支持、培养建设支持三个方面。

1. 在基础设施方面，加强冷链、物流基础设施建设

2008 年 12 月 5 日，商务部、农业部发布的《关于开展农超对接试点工

作的通知》提出:"当前重点是加强鲜活农产品冷藏冷冻设施投入,对部分鲜活农产品试行强制性冷链流通,同时实现降低连锁超市冷藏冷冻设施投入成本。""支持大型连锁商业企业通过新建鲜活农产品配送中心、在现有日用消费品配送中心中增加鲜活农产品配送功能、发展第三方农产品物流配送等多种方式,建立与农产品生产基地规模及零售规模相适应的物流配送体系。"

2010 年 9 月 15 日,商务部办公厅、财政部办公厅发布的《关于农产品现代流通综合试点指导意见的通知》指出:"支持农产品连锁超市建立鲜活农产品配送中心,提高农产品配送率;支持农产品冷链设施建设,鼓励企业建设和改造冷库,配置冷藏车等设施。"

2012 年 6 月 15 日,商务部市场建设司发布的《关于 2012 年开展农超对接试点有关问题的通知》指出:"2012 年度农超对接试点重点支持大型连锁零售企业建设改造与农超对接相适应的专业生鲜配送中心、产地集配中心等农产品流通设施,改造扩大鲜活农产品经营区,形成规模效益,并与农超对接交易额挂钩。"

2. 在财政补贴方面,加大试点项目的财政补贴力度

2009 年 7 月 10 日,财政部办公厅、商务部办公厅发布的《关于 2009 年度农村物流服务体系发展专项资金使用管理有关问题的通知》提出:"在试点地区实施农产品'农超对接'项目并经验收合格的,每个'农超对接'项目原则上按 200 万元的标准予以支持,且不得超过总投资额的 70%。"

3. 在合作培养建设方面,为农超对接搭建平台并为双方主体开展培训

2011 年 2 月 23 日,商务部、农业部发布的《关于全面推进农超对接工作的指导意见》提出,通过开展洽谈会、展销会等活动,创造供需双方沟通平台,建设可以发布供求信息、开展网上签约和交易的网上对接信息平台,并加强对连锁经营企业及农民专业合作社的指导和扶持,助其建立现代经营管理制度,形成规模效益。

（二）鼓励农民专业合作社做大做强

鼓励同类农产品合作社在自愿的基础上开展合作，充分发挥集聚效应，形成规模效益，提高均衡供应超市农产品的能力。

2009 年 11 月 20 日，国务院发布的《关于加快供销合作社改革发展的若干意见》提出："推进企业并购重组，加快纵向整合和横向联合，着力在农资、棉花、农副产品、日用消费品、再生资源等领域培育一批主业突出、市场竞争力强、行业影响大的企业集团，增强供销合作社为农服务实力。""支持社有企业①参与'万村千乡'和'双百'市场工程以及农超对接、家电下乡、以旧换新等工作。"

2012 年 12 月 1 日，国务院印发的《服务业发展"十二五"规划》提出："完善扶持政策，加大扶持力度，支持农民专业合作社发展，增强集体经济组织服务能力，提升农业、林业组织化水平。"

（三）降低农超对接门槛

针对农超对接、农社对接过程中的不合理费用等问题，要加强政策引导和监督作用，规范农超对接行为，为农超对接中农户、合作社权益保护提供政策保障。

2010 年 9 月 2 日，国务院发布的《关于进一步促进蔬菜生产保障市场供应和价格基本稳定的通知》提出："要对蔬菜农贸市场和社区菜店建设给予必要的补贴，重点整治农贸市场和超市乱收摊位费及其他各种名目收费等不规范行为，切实解决摊位费过高的问题。"

2011 年 2 月 23 日，商务部、农业部发布的《关于全面推进农超对接工作的指导意见》指出："严禁超市向合作社收取进场费、赞助费、摊位费、条

---

①　在中国广大的农村，为满足农村生产和生活的需要，专门设立了一个生产销售农村生产资料和产品的商业机构，称为供销合作社。它主要负责销售生产工具、生活用品和收购农产品、副业产品。社有企业，就是上述归供销合作社所有的商业企业，是一种具有中国特色的企业发展建制和模式。

码费等不合理费用,严禁任意拖欠货款。"

2011 年 3 月 5 日,十一届全国人民代表大会第四次会议通过《关于2010 年国民经济和社会发展计划执行情况与 2011 年国民经济和社会发展计划草案的报告》,指出:"要畅通农产品流通渠道,加强农超对接,规范和降低城市农贸市场摊位费和超市进场费,支持骨干批发市场升级改造和大型粮食物流节点、蔬菜批发市场、社区菜店、冷链物流建设。"

五、生鲜电商发展期(2005—2015 年)

生鲜电商是发展"互联网+"现代农业的重要切入点,是切实提升农业生产、经营、管理和服务水平的突破口。生鲜电商一经兴起,便受到政府、电商企业及消费者的极大关注。近年来,随着互联网的发展和普及,生鲜电商行业迅速发展壮大,其发展过程可分为两个阶段:探索启动期和快速发展期。

(一)探索启动期:2005—2011 年

2005 年,中国第一家生鲜电商企业"易果生鲜"在上海成立,标志着我国生鲜电商行业开始起步。2008 年以后,市场上涌现出众多垂直生鲜电商,例如"沱沱工社""和乐康""中粮我买网"等。然而,由于生鲜产品损耗大、冷链基础设施不完善、运输成本较高及行业竞争者众多等问题,大量生鲜电商企业破产倒闭。

在这一阶段,生鲜电商行业尚未得到政府的重视,缺少相关政策的扶持,且以"淘宝"为代表的零售电商处于发展初期,消费者对电商知之甚少,加之物流体系尚未健全、支付系统尚未完善,使得生鲜电商在初期的发展十分困难,推广难度极大。

(二)快速发展期:2012—2015 年

随着互联网技术的快速发展,生鲜电商企业探索出更多经营模式,众多 O2O 生鲜电商进入市场,并吸引社会资本大量注入,如"顺丰优选""菜管家"等生鲜电商企业的背后均有雄厚的资金支持。

在"互联网＋"的大背景下，生鲜电商作为"互联网＋"与农业融合的新兴产业，亟须国家出台相关政策扶持和引导其发展。2015 年 9 月 29 日，国务院办公厅印发的《关于推进线上线下互动加快商贸流通创新发展转型升级的意见》指出："开展电子商务进农村综合示范，推动电子商务企业开拓农村市场，构建农产品进城、工业品下乡的双向流通体系。""推进农产品'生产基地＋社区直配'示范，带动订单农业发展，提高农产品标准化水平。"财政部也积极响应"互联网＋"行动，同年 10 月 12 日，财政部发布《扶持村级集体经济发展试点的指导意见》，选择了 13 个省份在 2016 年开展扶持村级集体经济发展试点的工作，支持村集体领办合作社发展新型实体经济模式——"互联网＋合作社＋村集体"。

在国家政策及资本的大力支持下，生鲜电商行业快速发展，创造了可观的经济效益。《2014—2015 年中国农产品电子商务报告》显示，2013 年，全国生鲜电商交易规模达 130 亿元，同比增长 221％；2014 年，全国各类涉农电商达 3.1 万家，生鲜电商交易规模达 260 亿元，相较 2013 年增长 100％；2015 年，生鲜电商交易规模达 497.1 亿元，同比增长 80.8％。

六、新零售、全渠道融合发展期(2016 年至今)

随着消费者消费观念的转变及生活品质的提升，生鲜电商难以满足消费者对生鲜产品多元化、品质化的需要，以及对消费方式多样化、便捷化的需求。这促使生鲜电商企业积极探索新型经营模式及多元化销售渠道，生鲜电商由此进入转型升级期。生鲜电商新零售模式是利用互联网和大数据，全面重构"人、货、场"等传统商业要素，将线上线下销售渠道与物流相结合，推动线上线下融合消费双向提速。2020 年，新冠疫情的暴发成为传统生鲜电商向新零售生鲜电商转变的助推器。这一时期，政府为促进生鲜电商向新零售模式转型，主要针对"互联网＋"现代农业、线上线下销售渠道融合及冷链物流基础设施建设这三个方面出台了多个文件。

（一）推动"互联网＋"现代农业结合的相关政策

自 2016 年以来,政府部门连续发布多个文件以促进"互联网＋"与农业的结合,为生鲜电商提供了良好的发展机遇。

2016 年 1 月 27 日,中共中央、国务院发布的《关于落实发展新理念加快农业现代化 实现全面小康目标的若干意见》提出:"要大力推进'互联网＋'现代农业,应用物联网、云计算、大数据、移动互联等现代信息技术,推动农业全产业链改造升级。"

2016 年 4 月 22 日发布的《关于印发〈"互联网＋"现代农业三年行动实施方案〉的通知》指出:"大力发展智慧农业,强化体制机制创新,全面提高农业信息化水平,推动农业技术进步、效率提升和组织变革,培育发展农业信息经济,为加快实现农业现代化、夯实全面建成小康社会基础提供强大创新动力。"

2016 年 12 月 27 日发布的《关于印发"十三五"国家信息化规划的通知》指出:"实施'互联网＋现代农业'行动计划,着力构建现代农业产业体系、生产体系、经营体系。推动信息技术与农业生产管理、经营管理、市场流通、资源环境融合。"

2019 年是脱贫攻坚进入决战决胜、全面收官的关键之年,各级政府为带动贫困地区脱贫致富,尝试用"互联网＋"的模式在贫困地区和消费市场之间架起桥梁,打通贫困地区农产品销售、流通、消费各环节的堵点。

2019 年 12 月 16 日,农业农村部、国家发展改革委、财政部、商务部发布的《关于实施"互联网＋"农产品出村进城工程的指导意见》指出:"综合利用线上线下渠道,大力发展多样化多层次的农产品网络销售模式,鼓励农产品上网经营,推动传统批发零售渠道网络化,构建优质特色农产品网络展销平台,推动在县城、市区设立优质特色农产品直销中心,探索创新农产品优质优价销售新模式。"

2020 年 5 月 6 日,农业农村部办公厅发布的《关于开展"互联网＋"农产品出村进城工程试点工作的通知》指出,县级农产品产业化运营主体作为"互联网＋"农产品出村进城工程的推进主体，要加强与生鲜电商企业的合作，带动和扶持本地网商、农业企业参与，加大与网络销售平台的对接力度，建成多样化多层次的全网营销体系。

2022年4月2日，农业农村部在最新出台的《社会资本投资农业农村指引（2022年）》中提到："鼓励社会资本参与'互联网＋'农产品出村进城工程建设，推进优质特色农产品网络销售，促进农产品产销对接。"

（二）促进线上线下销售渠道融合的相关政策

电子商务的快速发展使得线上购物普及化，线上消费趋于稳定，发展态势放缓，用户增速大幅降低，且近年来有用户回流线下消费的趋势。因此，纯线上或纯线下的销售渠道均不能适应消费者的需求变化。在此背景下，以互联网技术为基础，以大数据为向导，充分进行供应链整合，线上线下销售渠道融合的新零售模式应运而生。为促进生鲜电商的线上线下销售渠道融合和向新零售模式的转型，国家在政策上也给予了一定的支持和引导，主要包括以下两个方面。

1. 打造线上线下流通服务体系

2016年11月11日，国务院办公厅发布的《关于推动实体零售创新转型的意见》，在促进线上线下融合的问题上强调："建立适应融合发展的标准规范、竞争规则，引导实体零售企业逐步提高信息化水平，将线下物流、服务、体验等优势与线上商流、资金流、信息流融合，拓展智能化、网络化的全渠道布局。"该意见最直接地提出了我国实体零售业创新转型的要求、调整方向和创新方式，并指出了要推动实体零售业态跨界融合。

2020年9月16日，国务院办公厅发布的《关于以新业态新模式引领新型消费加快发展的意见》，在加力推动线上线下消费有机融合的问题上指出："进一步培育壮大各类消费新业态新模式。""推动线上线下融合消费双向提速。""鼓励企业依托新型消费拓展国际市场。"

2. 鼓励生鲜电商企业探索新业态新模式

2021年5月28日，商务部等12部门联合印发《关于推进城市一刻钟便民生活圈建设的意见》,指出:"将实体店作为供应链合作的一环,实现线上线下融合、店配宅配融合,加快配置社区团购必备的冷链等设施设备。"

2022年1月14日,国家发展改革委发布的《关于做好近期促进消费工作的通知》中指出:"推动实体商场、超市、便利店等数字化改造和线上线下协同,发展仓储会员店、'门店到家'服务等零售新业态。"

（三）加快推进冷链物流体系建设的相关政策

新零售模式对冷链物流系统提出了更高的要求,但当前我国大型冷库冷藏基础设施与庞大的消费市场需求不匹配的矛盾日益凸显,冷链基础设施不完善也是导致生鲜产品流通效率低下的主要原因之一。为解决这一痛点,国家出台了多个文件,具体来看,主要包含以下三个方面。

1. 完善冷链物流基础设施建设

2017年8月22日,交通运输部发布《关于加快发展冷链物流保障食品安全促进消费升级的实施意见》,指出冷链物流企业应完善相关技术、标准与设施。

2020年1月2日,中共中央、国务院发布的《关于抓好"三农"领域重点工作确保如期实现全面小康的意见》中提到:"要启动农产品仓储保鲜冷链物流设施建设工程。加强农产品冷链物流统筹规划、分级布局和标准制定。安排中央预算内投资,支持建设一批骨干冷链物流基地。"

为鼓励国内大型冷链物流基地进行技术升级和模式创新,国家发展改革委于2020年3月16日印发《关于开展首批国家骨干冷链物流基地建设工作的通知》,根据通知要求,入选2020年度建设名单的国家骨干冷链物流基地,既要进一步加强冷链物流设施设备改造,促进业务流程和经营模式创新,不断提高冷链物流服务能力和效率;又要发挥好示范引领作用,结合实际先行先试,为以后年度国家骨干冷链物流基地建设探索经验。

2021年12月12日,国务院办公厅发布的《关于印发"十四五"冷链物流发展规划的通知》中指出："依托农产品优势产区、重要集散地和主销区，布局建设100个左右国家骨干冷链物流基地；围绕服务农产品产地集散、优化冷链产品销地网络，建设一批产销冷链集配中心；聚焦产地'最先一公里'和城市'最后一公里'，补齐两端冷链物流设施短板，基本建成以国家骨干冷链物流基地为核心、产销冷链集配中心和两端冷链物流设施为支撑的三级冷链物流节点设施网络，支撑冷链物流深度融入'通道＋枢纽＋网络'现代物流运行体系，与国家物流网络实现协同建设、融合发展。"

2. 规范有序推进冷链设施建设

为进一步推进农产品仓储保鲜冷链设施建设工作，优化指导服务，规范过程管理，强化监督作用，农业农村部和农业农村部办公厅于2020年先后出台了《关于加快农产品仓储保鲜冷链设施建设的实施意见》《关于进一步加强农产品仓储保鲜冷链设施建设工作的通知》，发布了农产品仓储保鲜冷链信息采集服务的工作规范，力求最大限度地发挥政策效益。

3. 鼓励发展冷链物流新模式

2019年3月1日，国家发展改革委、中央网信办、工业和信息化部等部门联合印发《关于推动物流高质量发展促进形成强大国内市场的意见》，意见指出："聚焦农产品流通'最先一公里'，加强农产品产地冷链物流体系建设，鼓励企业改造或新建产后预冷、贮藏保鲜、分级包装等冷链物流基础设施。""发展'生鲜电商＋冷链宅配''中央厨房＋食材冷链配送'等冷链物流新模式，改善消费者体验。"

2021年4月22日，农业农村部办公厅、国家乡村振兴局综合司发布《社会资本投资农业农村指引（2021年）》，其中提到要发展农超、农社、农企、农校等产销对接的新型流通业态。

在转型升级阶段，生鲜电商行业受到国家产业政策的重点支持和各级政府的高度重视，获得了良好的经营环境。一方面，生鲜电商在转型升级阶段虽增速放缓，但仍稳中有进。网经社电子商务研究中心近几年的报告显示,2020 年我国生鲜电商交易规模为 3 641.3 亿元,同比增长 42.54%[①];2021 年这一数值为 4 658.1 亿元,同比增长 27.92%[②];2022 年这一数值为 5 601.4 亿元,同比增长 20.25%[③]。另一方面,生鲜零售市场规模发展迅速,并成为未来生鲜电商行业的发展趋势。艾瑞咨询的数据显示,2020 年中国生鲜零售市场规模超 5 万亿元,预计未来生鲜零售市场仍将保持增长态势,到 2025 年中国生鲜零售市场规模将达到 6.8 万亿元。

第二节　乡村振兴战略下农产品流通的重要性

农产品流通是指农产品中的商品部分,通过买卖形式实现从农业生产领域到消费领域转移的一种经济活动,涵盖收购、加工、储存、运输、销售等一系列环节[④]。农产品流通关系着农民的"钱袋子"和市民的"菜篮子",对于调节产销关系、保障市场供应、促进农产品销售起到重要作用,其效率提升能够促进农业农村现代化发展,推动乡村振兴战略的真正落地。

一、农产品流通现代化是国家政策助推下的远景目标

党的二十大报告强调"全面推进乡村振兴""坚持农业农村优先发展"。这是继党的十九大提出实施乡村振兴战略并写入党章后,党中央再次以乡村振兴为主题全面部署"三农"工作,强调"加快建设农业强国,扎

---

① 网经社电子商务研究中心.2020 年度中国生鲜电商市场数据报告[EB/OL].(2021 - 05 - 13)[2023 - 07 - 30].http://www.100ec.cn/zt/2020sxdsbg/.

② 网经社电子商务研究中心.2021 年度中国生鲜电商市场数据报告[EB/OL].(2022 - 03 - 03)[2023 - 07 - 30].http://www.100ec.cn/zt/2021zgsxdsscsjbg/.

③ 网经社电子商务研究中心.2022 年度中国生鲜电商市场数据报告[EB/OL].(2023 - 03 - 23)[2023 - 07 - 30].http://www.100ec.cn/zt/2022sxdsscbg/.

④ 何盛明.财经大辞典[M].北京:中国财政经济出版社,1990.

实推动乡村产业、人才、文化、生态、组织振兴"。"三农"问题的核心是农民问题，农民问题的关键是农民增收问题。农产品作为农民的主要收入来源，其流通效率的提升，对于切实提高农民经济收入、缩小城乡居民收入差距、实现共同富裕具有重大意义。

在党中央的指导下，我国高度重视农产品现代化流通体系建设，并在乡村振兴战略中对该项工作提出了一些具体要求。

（一）农产品收购及加工方面

一是稳定农产品收购价格。要求继续提高小麦最低收购价，合理确定稻谷最低收购价，稳定稻谷补贴，完善农资保供稳价应对机制。

二是提升农产品加工水平。要求做大做强农产品加工业，实施农产品加工业提升行动，支持家庭农场、农民合作社和中小微企业等发展农产品产地初加工，引导大型农业企业发展农产品精深加工。引导农产品加工企业向产地下沉、向园区集中，在粮食和重要农产品主产区统筹布局建设农产品加工产业园①。

（二）农产品储存及运输方面

一是加强仓储冷链基础设施建设。要求实施农产品仓储保鲜冷链物流设施建设工程，推进田头小型仓储保鲜冷链设施、产地低温直销配送中心、国家骨干冷链物流基地建设②。

二是完善快递网点布局。要求加快农村物流快递网点布局，实施"快递进村"工程，鼓励发展"多站合一"的乡镇客货邮综合服务站、"一点多能"的村级寄递物流综合服务点，推进县乡村物流共同配送，促进农村客

---

① 关于做好 2023 年全面推进乡村振兴重点工作的意见［EB/OL］.（2023－02－13）［2023－07－30］.https://www.gov.cn/zhengce/2023-02/13/content_5741370.htm.
② 关于全面推进乡村振兴加快农业农村现代化的意见［EB/OL］.（2021－01－04）［2023－07－30］.https://www.gov.cn/gongbao/content/2021/content_5591401.htm.

货邮融合发展①。

三是健全农产品流通网络。要求完善农产品流通骨干网络,改造提升产地、集散地、销地批发市场,布局建设一批城郊大仓基地。要求加快完善县乡村电子商务和快递物流配送体系,建设县域集采集配中心,推动农村客货邮融合发展,大力发展共同配送、即时零售等新模式,推动冷链物流服务网络向乡村下沉②。

（三）农产品销售方面

一是提升农产品品质。通过农业生产"三品一标"提升行动中品种培优、品牌打造、标准化生产相关专项实施方案③,提高农产品品质,促进农产品销售。

二是增强农产品销售队伍实力。开展农业农村电子商务培训,大力实施高素质农民培育计划,将电子商务普遍纳入培育课程体系,助力农业农村电子商务发展④。

三是打造线上销售平台。通过创建消费帮扶示范城市和产地示范区,发挥脱贫地区农副产品网络销售平台作用⑤。要求深入实施"数商兴农"和"互联网＋"农产品出村进城工程,鼓励发展农产品电商直采、定制

---

①　关于做好 2022 年全面推进乡村振兴重点工作的意见[EB/OL].(2022－02－22)[2023－07－30].https://www.gov.cn/zhengce/2022-02/22/content_5675035.htm.

②　关于做好 2023 年全面推进乡村振兴重点工作的意见[EB/OL].(2023－02－13)[2023－07－30].https://www.gov.cn/zhengce/2023-02/13/content_5741370.htm.

③　关于印发农业生产"三品一标"提升行动有关专项实施方案的通知[A/OL].(2022－09－21)[2023－07－30].http://www.moa.gov.cn/govpublic/FZJHS/202209/t20220921_6409889.htm.

④　对十三届全国人大五次会议第 3559 号建议的答复摘要[A/OL].(2022－09－23)[2023－07－30].http://www.moa.gov.cn/govpublic/KJJYS/202209/t20220923_6411478.htm.

⑤　关于做好 2022 年全面推进乡村振兴重点工作的意见[EB/OL].(2022－02－22)[2023－07－30].https://www.gov.cn/zhengce/2022-02/22/content_5675035.htm.

生产等模式,建设农副产品直播电商基地①。

此外,实行销售税收优惠政策,规定蔬菜流通环节免征增值税;部分鲜活肉蛋产品流通环节免征增值税;农产品批发市场、农贸市场免征房产税;农产品批发市场、农贸市场免征城镇土地使用税;国家指定收购部门订立农副产品收购合同免征印花税②。

二、农产品流通现代化是支撑"内循环"经济发展的重要基础

2020年5月14日,中共中央政治局常委会会议首次提出"深化供给侧结构性改革,充分发挥我国超大规模市场优势和内需潜力,构建以国内大循环为主体,国内国际双循环相互促进的新发展格局"。构建现代化流通体系可以有效促进经济内循环。而现代化农产品流通体系是构建现代化流通体系的重要组成部分,其对"内循环"的支撑作用主要体现在以下三个方面。

(一)在供需循环中解决供需错配矛盾

农产品内需潜力大、市场前景广阔,未来对农产品的数量和质量供给要求会越来越高。我国人口在2030年将达到峰值14.5亿人③,这必然带来更大的农产品需求。人口持续增长,食物消费水平不断提高,城镇化快速推进,这些变化对我国农产品供给提出了更高要求。农产品流通现代化建设,有利于推动农产品供给侧结构性改革,扩大有效供给,解决供需错配问题,实现乡村振兴。

---

① 关于做好2023年全面推进乡村振兴重点工作的意见[EB/OL].(2023-02-13)[2023-07-30].https://www.gov.cn/zhengce/2023-02/13/content_5741370.htm.

② 国家税务总局.支持乡村振兴税费优惠政策指引[EB/OL].(2022-05-21)[2023-07-30].http://www.chinatax.gov.cn/chinatax/n810341/n810825/c101434/c5175490/content.html.

③ 王金营,戈艳霞.全面二孩政策实施下的中国人口发展态势[J].人口研究,2016,40(6):3-21.

（二）在产业循环中调节生产和消费

在生产和供给维度，农产品流通可以维持农业和国民经济其他部门的产品供需关系，并在农业内部领域，调节农产品产销不匹配的矛盾，引领农业领域进行需求导向型生产。在消费和投资维度，优质农产品的消费需求会带动农业及其相关领域的技术进步、资本投资，而多样化、优质化的农产品又会进一步吸引居民消费，形成农产品消费和农业投资的良性循环。

（三）在民生循环中保障生存和发展

农产品流通，一方面保障了农产品供给稳定，满足了消费者的农产品需求，可以缓解全球重大突发事件带来的应急物资供应压力；另一方面提高了农村居民收入与生活水平，有利于农民增收、农业增效、农村经济全面发展，从而在整体上促进我国经济发展。

三、农产品流通现代化是现代技术赋能的必然结果

近年来，现代技术越来越多地被应用于农产品流通的环节，使得农产品流通效率和流通质量不断提高。

一是农产品流通信息化程度大幅提高。互联网的普及、信息化建设促使农产品市场信息流通更加顺畅，缓解了供求市场信息不对称，降低了交易环节各主体间的信息壁垒。

二是精准对接消费者需求。大数据、物联网等技术的开发，可以绘制客户画像，更好地捕捉消费者需求的变动，加速农产品流通向智慧化、智能化转型发展。

三是农产品销售渠道与销售模式实现有效变革。电子商务产业的发展可以为农产品流通提供更多渠道与更宽阔的平台，在互联网背景下生鲜农产品通过电商流通的效率更高，降低了生鲜农产品流通成本，保障了

生鲜农产品品质安全。

四是农产品流通效率得到切实提升。仓储与冷链运输技术的进步可以提高农产品流通效率，降低农产品流通损耗率，确保农产品流通"最后一公里"的顺利进行。

四、农产品流通现代化是匹配食物消费变革的必要条件

（一）食物消费变革要求推进农产品流通的现代化

我国居民膳食结构更加合理。随着我国居民收入的逐年提升，城乡居民各类食物消费量不断调整，膳食结构日渐合理。就城镇居民而言，近年来肉类消费量基本平稳，蛋奶类消费量逐渐增加，干鲜瓜果消费量呈上涨趋势。总体上，中国城乡居民的食物消费结构已经实现了从数量型到质量型的转变，进入了更为注重膳食合理、营养均衡、食物质量的新时期。

健康食物消费成为主要趋势。党的十八大以来，习近平总书记曾多次强调绿色发展理念。党的十九大报告中提出"实施食品安全战略，让人民吃得放心"。党的二十大报告指出，树立大食物观，发展设施农业，构建多元化食物供给体系①。大食物观是面向整个国土资源，全方位、多途径开发食物资源，满足日益多元化的食物消费需求。树立大食物观，要从更好满足人民美好生活需要出发，在确保粮食供给的同时，保障肉类、蔬菜、水果、水产品等各类食物有效供给，缺了哪样也不行。

在食品安全健康上升到国家战略的影响下，人们对绿色安全优质的农产品需求更为迫切。为了更好地适应我国居民膳食结构的改变与践行大食物观，必须积极推进农产品流通的现代化，确保农产品在生产端与消

---

① 高举中国特色社会主义伟大旗帜 为全面建设社会主义现代化国家而团结奋斗：在中国共产党第二十次全国代表大会上的报告[EB/OL].(2022-10-16)[2023-10-25]. https://www.gov.cn/xinwen/2022-10/25/content_5721685.htm.

费端顺利高效连通。对于城乡居民需求日益增加的蔬菜、水果、肉类、水产品等生鲜农产品,必须着力破解其流通环节尤其是销售环节面临的渠道和技术方面的难题,确保生鲜农产品的高效供给。

（二）突发公共安全事件背景下要求提高农产品流通的质量与效率

突发性公共安全事件对农产品流通提出了更高要求。中共中央、国务院发布的《关于做好 2022 年全面推进乡村振兴重点工作的意见》中指出:世界经济复苏脆弱,气候变化挑战突出,我国经济社会发展各项任务极为繁重艰巨。党中央认为,从容应对百年变局和世纪疫情,推动经济社会平稳健康发展,必须着眼国家重大战略需要,稳住农业基本盘、做好"三农"工作,接续全面推进乡村振兴,确保农业稳产增产、农民稳步增收、农村稳定安宁。农产品作为重要的初级产品,其流通必须科学、及时、安全、高效。如何将传统流通和新兴业态相结合,切实提高农产品流通质量和流通效率,对应对突发性公共安全事件和稳定社会秩序具有重要意义。

第三节　上海市支持生鲜农产品流通的特色举措

上海市经济总量稳居我国中心城市前列,坚实的经济基础催生了先进的消费观念,居民农产品消费越来越注重口味、营养、安全等食品特征。生鲜农产品作为新鲜、品质高的农产品,恰好迎合了居民多样化的农产品消费需求。同时,上海市人口总量规模接近 2 500 万,具备了强大的购买力和消费潜力,给生鲜农产品带来了巨大的市场需求,同时也给生鲜农产品流通带来了更大的考验。近年来,上海市不断出台政策并开展专项工作,支持生鲜农产品流通渠道建设,包括线下流通渠道、线上流通渠道以及线下线上渠道融合。

一、支持线下流通渠道的特色举措

（一）开展"菜篮子工程"保障都市农副产品有序供应

1988 年 8 月 11 日，上海市委、市政府联合召开区县局干部大会，发布《关于建设郊区副食品生产基地，改革产销管理体制的决定》，上海市"菜篮子工程"建设由此拉开序幕。上海市"菜篮子工程"的核心，在于改革产销管理体制。从 1986 年开始，上海蔬菜产销由计划经济模式向市场经济模式转变，上海市郊常年菜田开始试行"管八放二"，即 80％菜田由政府计划安排，20％菜田放开自由生产。此后，由"管七放三""管六放四"逐步向放开模式转变。1991 年 11 月，上海市全面放开生产品种，放开交易，放开价格，蔬菜产销进入大市场，农业部门每年只下达冬、春、秋三播的指导性生产计划，鼓励农民参与流通，加快产销一体化进程，至此上海以计划经济为主的蔬菜产销体系结束。1992 年至 20 世纪末，上海市在农业生产发生变化的同时，原有的交易格局也被打破，全市逐渐形成了以国家级批发市场为中心、区域性批发市场为骨干、产地批发市场为补充的蔬菜副食品三级批发市场网络。进入 21 世纪后，上海蔬菜产销融入全国大市场。蔬菜产销彻底由长期短缺转向供求平衡，开始进入以提高生产能力、优化品种结构和提升质量安全为目标的快速发展阶段。2010 年，国务院办公厅提出统筹推进新一轮"菜篮子工程"建设。上海结合城市发展和自身蔬菜产销实际情况，实行"菜篮子"区县长负责制，并逐步形成了生产扶持、价格保险、安全监管、信息监测和考核奖励等常态化机制，不断促进蔬菜生产，保障地产蔬菜的稳定供应和质量安全。

从 2000 年至今，农产品从紧缺到供应充足，再到品质增效、安全提升。上海在推进规模化、标准化生产，探索智能化、信息化管理，实行品牌化销售的"菜篮子"建设道路上不断向前迈进。

（二）举办农产品展销会促进地产农产品产销对接

上海市积极开展农产品展销会等多种形式的活动，为特色农产品搭建采购和销售平台,积极开展多种形式的农产品产销对接。2020 年 2 月 24 日,上海市农业农村委员会发布的《关于印发〈2020 年上海市乡村产业推进工作实施方案〉的通知》中指出:"组织开展地产农产品展示展销活动,发挥农展活动在农产品产销对接中的积极作用。"2022 年,在上海市农业农村委员会的指导下,上海农业展览馆主办了上海优质农产品盛夏展,以"展览云端逛""论坛直播看""果品在线购"的方式举办"零接触"式会展,展会聚焦三大活动,通过线上平台投送,实现果品从田间到餐桌的一站式服务,将上海地产优质果品推向更广的市场。

举办农产品巡回展也能进一步助力地产农产品产销对接,培育并打响上海本地农产品品牌。巡展活动中,居民在家门口就能看到新鲜的农产品,有利于更好地实现点对点销售。

（三）出台相关政策完善菜市场规划布局

为促进生鲜农产品流通,保障市民买菜更方便、更便宜、更安全,上海市政府出台了相关政策完善菜市场布局。上海市政府先后发布了《上海市菜市场布局规划纲要》和《上海市食用农产品批发和零售市场发展规划（2013 年—2020 年）》,对全市菜市场布局提出了指导性意见:一是菜市场规划建设要实现"总量合理,确保落地;布局科学,便民利民;政府扶持,市场运作;规划指导,建设同步"的目标要求。二是按照"因地制宜、分类指导"的原则,对不同地区菜市场的业态提出规划要求。三是规范相关规划指标,如菜市场按 120 平方米/千人为控制指标,以 500 米步行距离为服务半径合理配置。

二、支持线上流通渠道的特色举措

自 2012 年"互联网＋"战略在移动互联网博览会上首次被提出以来,上海市电子商务总体一直呈现蓬勃发展的良好态势。"十二五"期间,上海市电子商务交易额从期初的 5 401 亿元提高到期末的 16 452 亿元,5 年内交易额增加了近 2 倍①②。"十三五"期间，上海市电子商务交易额从期初的 20 049.3 亿元提高到期末的 29 417.4 亿元，5 年内交易额增长了近 50%，虽然增长速度放缓，但仍呈上升趋势③④。进入"十四五"时期以后，上海全市电子商务交易额更是实现了 3 万亿元的突破⑤。电子商务在推动上海加快转变经济发展方式、实现经济平稳健康发展中发挥了积极作用。因此，上海市政府积极鼓励各级政府和企业探索电子商务与农业结合的新模式，联合相关部门发布多个文件以促进生鲜农产品线上流通渠道的建设。

（一）快速发展期，支持生鲜农产品批发商与中间商线上对接

2012 年 3 月 29 日，上海市政府发布的《关于印发上海市电子商务发展"十二五"规划的通知》中指出："探索电子商务服务'三农'的模式，建立和完善农产品流通服务体系，建设统一高效的农产品流通公共信息平台，使其成为农产品信息汇集、供需对接和价格发现的中心。完善农业企业 ERP 系统，推进本市农产品网上产销对接、农商对接、农超对接等。建立电子化的大宗农产品交易市场，推动上农批、江桥、江杨、西郊国际等农产品批发市场打造或完善电子商务平台。"

2013 年 8 月 16 日，上海市商务委制定的《上海市食用农产品批发和零售市场发展规划（2013 年—2020 年）》中提出："加快农产品电子商务发

---

① 上海市统计局.2011 年上海市国民经济和社会发展统计公报[J].统计科学与实践，2012(3)：7-14.

② 上海市统计局.2015 年上海市国民经济和社会发展统计公报[EB/OL].(2016-02-28)[2023-07-30].https://tjj.sh.gov.cn/tjgb/20160228/0014-287258.html.

③ 上海市统计局.2016 年上海市国民经济和社会发展统计公报[EB/OL].(2017-03-02)[2023-07-30].https://tjj.sh.gov.cn/tjgb/20170302/0014-293816.html.

④ 上海市统计局.2020 年上海市国民经济和社会发展统计公报[EB/OL].(2021-07-01)[2023-07-30].https://tjj.sh.gov.cn/zdlyxxgk/20210701/fa09ad6c2b5f4bb6b508ef786cc89c4a.html.

⑤ 上海市统计局.2021 年上海市国民经济和社会发展统计公报[EB/OL].(2022-03-14)[2023-07-30].https://tjj.sh.gov.cn/tjgb/20220314/e0dcefec098c47a8b345c996081b5c94.html.

展,满足市民网络购物需求。推动食用农产品城市共同配送体系建设。继续推动农批对接、农超对接、农标对接、农校对接、农餐对接等新型业态。"

（二）转型升级期,推动"互联网＋"与农业全产业链融合

"互联网＋"为现代农业的发展提供了新方向、新趋势,也为生鲜电商的转型提供了新路径、新方法。2015年12月31日,中共中央、国务院发布的《关于落实发展新理念加快农业现代化实现全面小康目标的若干意见》中提到:"大力推进'互联网＋'现代农业,应用物联网、云计算、大数据、移动互联等现代信息技术,推动农业全产业链改造升级。"

为积极贯彻落实党中央的精神,上海市于2016年4月29日发布《关于成立上海市农业委员会农业信息化领导小组的通知》,提出要研究制定促进本市农业信息化发展的扶持政策和重点扶持领域,协调推进"互联网＋现代农业"、农业电子商务等信息化重大项目。同年8月5日,上海市政府在《上海市科技创新"十三五"规划》中再次提到,要大力推进"互联网＋现代农业",实现农产品流通全过程的智能控制和机械化。

（三）后疫情时代,鼓励生鲜电商发展向新零售模式转型

在"互联网＋"的大背景下,上海市政府不断建设、完善生鲜农产品线上流通渠道。2020年,新冠疫情的暴发加速了生鲜农产品线上流通渠道的发展。受疫情影响,2020年一季度,上海市生鲜电商销售额达88亿元,同比增长167%,订单量同比增长80%,每天订单量有近50万单,客单价从40元增加到100元以上,活跃用户同比增长127.5%,共销售猪肉约150吨、蔬菜约500吨[①]。在疫情期间及后疫情时代,上海市政府根据本市的实际情况,积极采取具有上海特色的措施促进生鲜农产品的线上

---

① 一季度上海生鲜电商平台交易额同比增167% 将加快培育一批电商平台[EB/OL].（2020-04-13）[2023-07-30]. http://jingji.cctv.com/2020/04/13/ARTI78BTAXzvKIdtPaAa3RCQ200413.shtml.

流通。

1. 拓展生鲜电商发展新业态

2020 年 4 月 13 日，上海市政府办公厅发布的《关于印发〈上海市促进在线新经济发展行动方案（2020—2022 年）〉的通知》中明确提出，上海将拓展生鲜电商零售业态，大力促进"数字菜场"等消费新业态的发展，加快发展"无接触"配送及智慧零售终端，鼓励开展直播电商、社交电商、社群电商、微信小程序电商等智能营销新业态。

2. 完善冷链物流体系建设

生鲜农产品具有保质期短、难以储存等特性，极易受损害和腐蚀，会给生鲜电商企业造成严重损失。生鲜电商企业的最大痛点在物流运输环节，因此，完善冷链物流基础设施建设、优化物流运输环节至关重要。2021 年 7 月 15 日，上海市商务委员会发布的《关于印发〈上海市推进商业数字化转型实施方案（2021—2023 年）〉的通知》中指出："完善城市物流基础设施。""引导生鲜电商加快建设冷链物流体系，优化前置仓布局和规模，新建改建 300 个生鲜前置仓和 3 个城市分选中心。"

三、支持线下线上渠道融合的特色举措

随着生鲜电商高速发展并逐渐进入转型升级期，上海市涌现出众多新零售生鲜电商企业，如盒马鲜生、叮咚买菜等。为推动生鲜电商向新零售模式转型升级，上海市政府及相关部门出台了多个文件以支持生鲜农产品线上线下销售渠道的融合，具体来看，政策内容主要涵盖以下两方面。

（一）推动电商与传统零售融合发展

生鲜电商发展进入转型升级期，生鲜电商企业的销售由传统的单一线上或线下渠道向全渠道、新零售模式转变。上海市政府积极探索，采取措施，促进生鲜行业线下渠道向线上渠道拓展，推动线下线上销售渠道融

合发展。

2014年7月15日，上海市商务委员会发布的《关于加快上海商业转型升级提高商业综合竞争力的若干意见》中提到："推动传统商业企业依托线下网点渠道资源、商品品牌和服务优势，自建线上平台或利用第三方平台发展电子商务。""推动电子商务企业与线下便利店、超市合作，或自建线下服务中心，开展'网订店取'服务。""实现门店端与PC端、手机端、TV端四大渠道的优势互补，探索全渠道融合发展的新模式。"

2020年4月13日，上海市政府办公厅发布的《关于印发〈上海市促进在线新经济发展行动方案（2020—2022年）〉的通知》中指出："拓展生鲜电商零售业态。""线上建设网上超市、智慧微菜场，线下发展无人超市和智能售货机、无人回收站等智慧零售终端。鼓励开展直播电商、社交电商、社群电商、'小程序'电商等智能营销新业态。"

2021年4月30日，上海市国际消费城市建设领导小组办公室发布的《关于印发〈关于加快建设上海国际消费中心城市 持续促进消费扩容提质的若干措施〉的通知》中提到："支持建设线上线下融合，集安全、便捷、实惠、绿色于一体的智慧菜场。"

（二）构建现代生鲜农产品流通网络

为加快推进农业供给侧结构性改革，推动生鲜电商的发展向规模化、专业化、标准化迈进，上海市构建起农产品现代流通体系。

2016年3月16日，上海市政府发布的《关于印发〈上海市供销合作社系统综合改革试点方案〉的通知》中提出："提升农产品流通服务水平。""发展标准化菜市场、生鲜超市、社区直供店、网上菜市场和农产品配送中心建设，加快形成安全、高效、可靠的城乡现代农产品流通网络。"

2018年1月9日，上海市宝山区政府印发《关于贯彻落实〈上海市供销合作社系统综合改革试点方案〉的实施意见》，意见中提出：区商务委要牵头"加强农产品流通网络建设"。"加快构建以团体单位农产品集中配送、城乡菜场供应点、社区农产品直供门店为主要内容的'三位一体'农产品现代流通网络体系,树立'翼农联合社'信誉和品牌。""大力发展标准化菜市场、生鲜超市、社区(居民区)直供点(店)、网上菜市场和农产品配送中心(站)建设,形成布局合理、安全高效、联结产地到消费终端的现代农产品流通网络。"

2019 年正值我国脱贫攻坚的关键时期,上海市积极探索帮扶新模式,持续深化消费扶贫,把对口帮扶作为重要政治任务和应尽之责。为贯彻《国务院办公厅关于深入开展消费扶贫助力打赢脱贫攻坚战的指导意见》,上海市政府办公厅于 2019 年 6 月 13 日发布《关于本市深入开展消费扶贫助力打赢脱贫攻坚战的实施意见》,意见指出,要通过打通农产品上行供应链条、搭建农产品在沪销售网络和发挥电商扶贫独特优势,拓宽对口地区农产品流通和销售渠道。

为响应农业农村部、国家发展改革委、财政部、商务部在 2019 年 12 月 16 日发布的《关于实施"互联网＋"农产品出村进城工程的指导意见》,上海市农业农村委员会于 2020 年 2 月 24 日发布《关于印发〈2020 年上海市乡村产业推进工作实施方案〉的通知》,其中提到:"大力培育一批基于互联网＋产销一体化家庭农场、合作社和专业化的流通企业,推动'互联网＋'农产品出村进城。"

为积极响应商务部等 12 部门在 2021 年 5 月 28 日发布的《关于推进城市一刻钟便民生活圈建设的意见》,上海市商务委员会于 2022 年 7 月 29 日发布《关于印发〈2022 年全市数字商务工作要点〉的通知》,其中提到:"持续建设一刻钟便民生活圈。""推进城市一刻钟便民生活圈国家级试点,培育一批国家级和市级示范社区,提升大型保障型居住社区商业配套,推进智慧菜场和早餐工程建设。""健全数字零售设施布局。""构建高效、快速、柔性的城市电商配送体系,提高电商消费末端配送智能化、共享化、绿色化、标准化水平。"

第二章
生鲜农产品销售与消费

生鲜农产品销售环节因面临的挑战较多、影响较大而备受关注。党的二十大报告指出要树立大食物观,面向整个国土资源,全方位、多途径开发食物,构建多元化的食物供给体系。生鲜农产品是我国居民食物体系的重要组成部分。近年来,居民的生鲜农产品购买渠道和选择呈多元化发展趋势。为确保生鲜农产品的有效供给,需对其消费情况进行研究。本章综述了生鲜农产品销售的研究现状,并以上海市消费者为例进行调研,了解消费者对普通生鲜农产品及区域公用品牌生鲜农产品的认知与购买情况。

第一节　生鲜农产品销售相关研究

销售环节是农产品流通的最后一个重要环节,可以说,农产品的生产就是为了销售。一方面,就"三农"而言,农产品销售环节的成功进行,才能实现农民收入增加、促进农业产业增效、带动农村经济发展的目标。正如马克思在《资本论》中所阐述的"商品到货币是一次惊险的跳跃",农产品只有被成功销售出去,其价值才能实现。另一方面,就消费者而言,农产品销售环节的顺利进行,使得消费者的基本农产品需求得到满足,兼具社会意义与经济意义。

由于本书着重研究农产品流通,尤其是生鲜农产品流通,因此,本节将对有关生鲜农产品销售(线下、线上及融合销售)的研究与理论基础进行阐述。

一、线下销售相关研究

近年来，生鲜农产品线上交易蓬勃发展，但传统的线下交易作为一种普遍的交易模式仍广泛存在。自新中国成立以来，许多学者对生鲜农产品线下销售渠道及其演进历程进行过研究，主要包括国家干预下的市场调节期及统购统销期、农产品批发市场发展期、"农超对接"发展期和社区生鲜店等新渠道发展期。

（一）国家干预下的市场调节期及统购统销期（1949—1977 年）

学者对 1978 年之前的生鲜农产品线下销售的研究较少。近些年来，相关学者主要研究了此阶段生鲜农产品的购销体制。俞海峰[①]指出 1949 年至 1953 年之间，生鲜农副产品的流通是实行以购销和市场调节为主的流通体系和价格制度，对于蔬菜、肉类、水产等生鲜农副产品主要以市场自由购销为主，购销的经营活动主要通过市场完成。1953—1979 年，中国的生鲜农产品流通体制是以统购统销为基本特征，逐渐实现了以国营和供销合作社商业为主体，并包含少量小商贩和集市贸易的计划经济模式。

（二）农产品批发市场发展期（1978—1999 年）

改革开放后，统购统销体系开始被废除，市场自由购销体系逐步建立，农产品批发市场逐渐发展起来。学者对此进行的研究主要集中在农产品批发市场发展的必要性、特点、功能以及组织形式上。

围绕建立农产品批发市场的必要性，高文琛[②]提出了三点意见：一是

---

① 俞海峰.中国连锁超市生鲜农产品经营研究［D/OL］.北京：中国农业科学院，2003［2023 - 07 - 30］. https://kns. cnki. net/kcms2/article/abstract? v = 3uoqIhG8C475KOm_zrgu4m9eu-VXu9H75RhMZCEMue9h8LplqMYx9_ffNxRH1jvF_mlpic9MU5J3QylFlzaJ3P_duKmT7uTX&uniplatform=NZKPT.

② 高文琛.批发市场与生鲜食品流通现代化［J］.农业经济问题，1986(8)：61 - 65.

由于生鲜食品容易腐烂变质,任其自由成交,可能导致不合格货品上市,因此首先需要将所有货品集中起来进行霉品检验;二是新鲜菜果及肉蛋的色、香、味、形和成熟度等食品特征,虽因季节、产地而异,但季节、产地相同的货品质量也会千差万别,因此需要将其集中起来一一定价;三是新鲜菜果肉蛋种类繁多,这类农产品的生产特点是生产者众多、生产规模小、产地分散,对其加以集中有利于产品定价和开拓销路。农产品批发市场可以实现这类农产品的集中上市、迅速定价和批发,极大地缩短流通时间。

围绕农产品批发市场的特点,孟振虎①指出农批市场是以加工和转售农副产品为目的的批量交易场所,是农副产品流通的一种组织形式。王肃夫②指出农副产品批发市场不仅是农副产品的交换场所,还具有传播信息,推广新技术、新产品的功能。这种流通形式适应了我国农村在联产承包责任制基础上发展起来的农民家庭经济形式。孟振虎③还指出批发市场虽然也有一些自营购销,但它作为一种流通组织,主要不是自己经营农副产品,而是为农副产品生产者、经营者提供商品买卖的交易场所,组织其进行购销活动,为其提供服务。农产品批发市场具有组织上的多样性、多层次性,商品经营灵活性、多功能性、经常性和临时性相结合、竞争性等特点。毛信萃④指出农产品批发市场具有地区分布不平衡、商品流通的辐射面较宽、上市量大、交易活跃、商品周转快和市场利用率高等特点。

围绕农产品批发市场的功能,孟振虎⑤认为农产品批发市场的基本功能包括:从客体上看,主要是吸收和扩散的功能,即一方面把农副产品收到市场上来,另一方面又把农副产品扩散出去;从主体上看,主要是组

---

① 孟振虎.农副产品批发市场浅议[J].商业经济研究,1984(5):12-17.
② 王肃夫.办好农副产品批发市场 促进农村产业结构调整[J].商业经济研究,1985(6):14-15.
③ 孟振虎.农副产品批发市场浅议[J].商业经济研究,1984(5):12-17.
④ 毛信萃.把农副产品批发市场搞活管好[J].中国农村经济,1985(7):1-4.
⑤ 孟振虎.农副产品批发市场浅议[J].商业经济研究,1984(5):12-17.

织和服务的功能，即市场作为一个组织充当农副产品生产者、经营者之间的"中介人"，组织其成交、买卖农副产品，并为其提供各种服务。王肃夫①指出农副产品批发市场可以使农民的产品较顺利地实现转化，且可以把农民利益和社会共同利益紧紧结合起来。毛信萃②指出农产品批发市场的功能包括四方面：一是疏通城乡、地区之间农副产品流通渠道，活跃城乡经济；二是促进农村产业结构的调整；三是调节供求关系、平抑物价；四是给国营、集体、个体商业、餐饮业提供货源，满足城市人民生活的需要。张泉欣③指出农产品批发市场的建立和发展，使市场自身潜在的功能得以发挥，同时也为国营、集体商业注入了活力，正在成为沟通产销、发展生产，联结生产者、经营者与消费者的桥梁和纽带。

围绕农产品批发市场的组织形式，王肃夫④指出了当时农产品批发市场的两种组织形式：一是经营性的批发市场。这类市场由若干经营者进场进行集中和公开交易，专门开展农产品收购、批发业务，相对而言具有贸易货栈的特征，可以独立开展购销活动，是相对独立的经济实体。二是服务性的批发市场。这些市场由组织者（一般由工商管理部门承办）在流通开始前就投入一定的服务设施，为商品交换者提供条件，并收取一定的服务费用。

（三）"农超对接"发展期（2000—2012 年）

进入 21 世纪，"农超对接"被推行开来，这引起了学者的重视。有学者探究了"农转超"的意义及趋势。郑灿朝⑤指出生鲜超市取代农贸市场，这不仅是流通领域商业业态的变革，对农产品从生产到销售整个链条

① 王肃夫.办好农副产品批发市场 促进农村产业结构调整[J].商业经济研究，1985(6)：14-15.
② 毛信萃.把农副产品批发市场搞活管好[J].中国农村经济，1985(7)：1-4.
③ 张泉欣.农产品批发市场研究[J].中国农村经济，1986(2)：42-45.
④ 王肃夫.办好农副产品批发市场 促进农村产业结构调整[J].商业经济研究，1985(6)：14-15.
⑤ 郑灿朝.生鲜超市欲取代农贸市场[N].中国商报，2001-09-25(34).

来说,也必将产生深远影响。兰萍①指出"农改超"将会带动农业产业化发展,解决农产品卫生安全问题,提高农产品的质量;促进农产品规模化经营,降低农产品的价格;利用现代营销方式;提高国内农产品的市场占有率。宣亚南等②指出我国生鲜超市虽然还处于导入阶段,但发展迅速,并已对传统的农贸市场构成巨大冲击。然而,学者们对生鲜超市的发展前景有两种不同看法:一种观点认为,生鲜超市将很快取代农贸市场的主导地位,理由是前者已经在一些地区获得了成功,并获得了政府支持;另一种观点认为,虽然生鲜超市的发展趋势不可逆转,但受消费习惯、收入分布状况、加工能力等诸多因素影响,加上生鲜农产品进口成本较高,生鲜超市压倒农贸市场尚需一个较长的过程。

此后,有学者又对生鲜超市的优劣势进行了研究。宣亚南等③指出在质量安全保证与购物环境方面,超市都明显优于农贸市场;在购物便利程度上,超市也具有独特的优势;超市利用规模经营优势,已成为社区服务不可缺少的内容。但此阶段经济基础不平衡,生鲜超市尚无法全面推广,且超市生鲜供应链不完善,存在较多问题。同时,生鲜农产品进入超市的难易程度不一样,多品种经营受到限制。周应恒等④通过实证研究,指出超市的优势在于质量安全和品牌信誉较好,劣势在于价格较高和新鲜度不高。朱磊和赵迪⑤也指出蔬菜不水灵、价格偏高、品种不多是生鲜超市存在的问题。

———————————

　　①　兰萍."农改超":提升国内农产品竞争能力的途径之一[J].科技进步与对策,2003,20(4):69-71.
　　②　宣亚南,易福金,陈志颖.我国生鲜农产品零售方式变化趋势、影响因素与对策初探[J].农村经济,2003(11):18-20.
　　③　宣亚南,易福金,陈志颖.我国生鲜农产品零售方式变化趋势、影响因素与对策初探[J].农村经济,2003(11):18-20.
　　④　周应恒,卢凌霄,耿献辉.生鲜食品购买渠道的变迁及其发展趋势:南京市消费者为什么选择超市的调查分析[J].中国禽业导刊,2003(15):29-30.
　　⑤　朱磊,赵迪.生鲜农产品进入超市经营创新浅探[J].现代财经-天津财经大学学报,2009,29(8):64-69.

（四）社区生鲜店等新渠道发展期（2013 年至今）

近年来,在市场需求与政策支持的驱动下,社区生鲜店模式成为生鲜农产品零售新业态,众多学者对社区生鲜店的发展由来、发展影响因素以及优缺点展开了相关研究。宋东辉[1]指出以传统农贸市场与大型连锁超市为主导的生鲜销售格局正慢慢被打破,社区生鲜店模式作为更为便利、洁净的商业业态,逐渐成为前两者的有效补充,并开始在各个城市的社区中崭露头角。赵趁[2]指出社区生鲜店线下零售的社区直营模式（自提、送货上门）直面社区各户家庭的消费需求,解决了生鲜产品不易保鲜的难题。每个社区分设一个直营店的布局方式,满足了生鲜产品"最后一公里"的配送要求。宋东辉[3]通过实证研究指出,产品质量、产品鲜活度和购物环境是影响社区生鲜店顾客满意度最为重要的三个因素。在激烈的市场竞争中,生鲜经营者要想吸引和留住顾客,必须从这三方面进行努力。李刚等[4]认为社区便利店模式的优势在于距离顾客近、顾客消费频率高,劣势在于商品品种较少。因此,这种模式比较吸引追求购物便利性和购物体验的消费者。

在生鲜农产品线下销售的相关研究中,有学者还指出生鲜农产品线下交易存在拍卖交易与订单交易模式。许文华[5]指出拍卖交易是指卖方以公开竞价方式在众多的买方中,选定最高报价者并与之缔约的买卖方式。拍卖交易可以降低交易费用,提高交易效率。农产品尤其是鲜活农

① 宋东辉.社区生鲜店顾客满意度影响因素的实证研究[J].现代商业,2017(23)：9-10.

② 赵趁.从线下到线上：社区生鲜店消费者线上消费习惯培养策略[J].商业经济研究,2018(5)：52-54.

③ 宋东辉.社区生鲜店顾客满意度影响因素的实证研究[J].现代商业,2017(23)：9-10.

④ 李刚,夏鹏成,郑梦杰.网络商店与社区便利店的商品虚拟展示合作研究[J].中国管理科学,2020,28(2)：115-125.

⑤ 许文华.我国现有农产品交易模式评述[J].农村经济与科技,2011,22(1)：49-51.

产品具有易腐、易耗、不易久存的特点,同时消费与生产之间的信息不完备和不对称使得交易成本偏高。拍卖交易的引入大大降低了搜寻市场信息的成本,以买方竞价形式进行集中交易,把竞争机制引入了买卖活动中,竞价的过程十分迅速,能在短时间内形成基本反映市场供求关系的有效价格。许文华也对订单交易的定义进行了说明:订单交易也叫作合同或契约型交易,指农户根据自身或其所在的乡村组织同农产品的购买者之间签订的订单,然后组织安排农产品生产的一种农业产销模式。与之对应的农业生产经营模式是订单农业。刘凤芹[①]指出订单农业是指在农业生产之前,农户与公司或中介组织签订具有法律效力的产销合同,由此确定双方的权利与义务关系。农民根据合同组织生产,企业或中介组织按合同收购农民生产的产品的一种农业经营形式。林强和叶飞[②]指出发展订单农业,不仅可以有效解决农产品卖出难的问题,降低市场的不确定风险;还可以有效地减少流通环节,降低农产品的生产成本。近些年来,传统订单农业发展演化为新型订单农业。罗重谱和高强[③]指出,新型订单农业的特点主要表现为主体更为多元化、形式更为多样化、内容逐步拓展化、风险更加集中化。

此外,有学者探究了生鲜农产品线下零售的新模式。李志堂等[④]对观光采摘进行了研究,指出农庄可以为顾客提供自采自摘体验服务(PYO服务)。这种服务不仅为消费者提供了消费体验,而且在体验过程中可以保证农产品质量,同时避免农庄与零售商供应链中产生包装垃圾,以及添加具有保鲜作用的有害添加剂。

---

① 刘凤芹.不完全合约与履约障碍:以订单农业为例[J].经济研究,2003(4):22-30,92.

② 林强,叶飞."公司+农户"型订单农业供应链的 Nash 协商模型[J].系统工程理论与实践,2014,34(7):1769-1778.

③ 罗重谱,高强.乡村振兴战略背景下新型订单农业的运作模式及其高质量发展路径[J].宏观经济研究,2022(5):94-103,110.

④ 李志堂,张翠华,邹宇峰,等.新零售下农庄绿色产品服务模式的策略选择[J].工业工程与管理,2021,26(3):105-114.

近年来，还有学者对生鲜农产品线下流通渠道的局限性进行了研究。赵晓飞等指出我国传统农产品流通主要依靠以农产品批发市场为核心的流通渠道和以零售企业为核心的流通渠道。但是随着大数据技术的发展，以上两种传统流通渠道越来越不适应市场发展的需要，无法充分满足新消费需求与个性化消费服务的要求①。尚延超②则指出生鲜农产品传统流通环节冗长且繁杂，流通效率低且损耗率高。因此，探索生鲜农产品线上销售新模式以及线上线下融合销售新模式（如智慧菜场、社区团购等），逐渐成为学者研究的突破点。

二、线上销售相关研究

生鲜电商的发展可分为探索启动期、快速发展期和转型升级期三个阶段。学者们对每一阶段存在的问题及发展趋势展开了分析，为生鲜农产品线上销售提供了理论基础。

（一）探索启动期（2005—2011 年）

生鲜电商在探索启动期发展缓慢，大量生鲜电商企业破产倒闭。学者们针对生鲜电商在发展初期存在的诸多问题、冷链物流网络模式及其选择进行了探讨。

黄祖辉等③指出生鲜农产品由于易腐易损性、单位产品价值低、最初形态难以辨别的特征，在物流配送环节具有较大的风险，并且很难在物流过程实现增值。龚树生和梁怀兰④认为生鲜食品的冷链物流网络大致有

---

① 赵晓飞,付中麒.大数据背景下我国农产品流通渠道变革实现路径与保障机制[J].中国流通经济,2020,34(12)：3-10.
② 尚延超."社区团购"概念下生鲜农产品现代流通体系构建研究[J].商业经济研究,2021(19)：150-153.
③ 黄祖辉,鲁柏祥,刘东英,等.中国超市经营生鲜农产品和供应链管理的思考[J].商业经济与管理,2005(1)：9-13.
④ 龚树生,梁怀兰.生鲜食品的冷链物流网络研究[J].中国流通经济,2006(2)：7-9.

三种模式：单个经济体的冷链物流网络、区域内的冷链物流网络和跨区域的冷链物流网络。这三种冷链物流网络各有其特色和适用范围。奥马·阿乌马达（Omar Ahumada）和勒内·比利亚洛沃斯（J. René Villalobos）[1]分析了物流在生鲜农产品生产销售环节中的作用，提出如何选择最佳的物流模式，并展望了生鲜农产品供应链未来的需求。

（二）快速发展期（2012—2015 年）

在"互联网＋"背景下，生鲜电商企业不仅获得了资金支持，还得到了政府的高度重视，由此进入快速发展的黄金时期。但其发展初期存在的问题在这一阶段并未得到彻底解决，为此，学者们展开了进一步分析研究。

吴勇和马良[2]在总结我国当前主要生鲜电商平台模式的基础上，分析了影响生鲜电商产品价格的因素，其中物流配送方式不同造成的运费差异对生鲜电商的产品定位有明显影响。陈镜羽和黄辉[3]通过对比111 家生鲜农产品电商提供的冷链物流服务得出冷链物流覆盖范围小、冷链物流设备不足、缺乏冷链物流法律法规和行业标准的结论。关于冷链物流的建设，有学者提出政府要给予政策和资金支持、发展第三方冷链物流企业、加强基础设施建设、建立行业标准。翁心刚等[4]也提出应在城市里建立冷链物流体系，缓解生鲜农产品需求量过大而造成的城市交通压力。

---

① AHUMADA O，VILLALOBOS J R. Application of planning models in the agri-food supply chain：a review[J]. European Journal of Operational Research，2009，196(1)：1－20.

② 吴勇，马良.当前我国生鲜电商的发展模式与定价研究[J].武汉轻工大学学报，2014，33(3)：101－103，120.

③ 陈镜羽，黄辉.我国生鲜农产品电子商务冷链物流现状与发展研究[J].科技管理研究，2015，35(6)：179－183.

④ WENG X G，AN J Y，YANG H. The analysis of the development situation and trend of the city-oriented cold chain logistics system for fresh agricultural products [J]. Open Journal of Social Sciences，2015，3(11)：70－80.

(三) 转型升级期(2016 年至今)

随着信息技术的发展,生鲜电商企业积极探索生鲜农产品线上销售模式,以推动企业在"互联网＋"背景下的转型升级。学者们对生鲜农产品线上销售的重要性进行了探讨与论证。李明对比了我国农产品流通的传统模式、电子模式、"互联网＋农产品"模式、农产品批发市场的运营模式及交易模式,提出"互联网＋农产品"是农产品流通改革创新走向规范的关键。汪旭晖和张其林[1]、成德宁等[2]指出我国农业产业链处于改造升级阶段,电子商务成为破解生鲜农产品"菜贱伤农"与"菜贵伤民"问题并存、供给危机与质量危机并存的新思路。学者们主要从以下两个方面对转型升级期的生鲜电商进行研究。

1. 分析多元化的运营模式

生鲜电商企业的运营模式呈现多元化,B2B、B2C、C2C、O2O、F2B、F2C 等模式陆续出现。学者们对生鲜电商企业的运营模式及特点进行了分析,比较各种模式的优缺点,探讨在每种模式下企业如何让生鲜农产品实现增值。

葛继红等[3]将农产品生鲜零售电商划分为轻综合平台型、非食品实体企业依托型＋轻综合平台型、轻专一平台型、食品实体企业依托型＋重全产业链型、重专一全产业链型以及重专一 O2O 型这六种类型。孙永波和李霞[4]以"中粮我买网"为例,运用模糊综合评价模型对其商业模式进

① 汪旭晖,张其林.基于物联网的生鲜农产品冷链物流体系构建：框架、机理与路径[J].南京农业大学学报(社会科学版),2016,16(1)：31－41,63.

② 成德宁,汪浩,黄杨."互联网＋农业"背景下我国农业产业链的改造与升级[J].农村经济,2017(5)：52－57.

③ 葛继红,周曙东,王文昊.互联网时代农产品运销再造：来自"褚橙"的例证[J].农业经济问题,2016,37(10)：51－59,111.

④ 孙永波,李霞.基于模糊综合评价法的中粮"我买网"商业模式研究[J].商业研究,2017(3)：151－158.

行了分析。汪旭晖和张其林[①]以"天猫生鲜"和"沱沱工社"为例,分析了平台型生鲜电商与垂直型生鲜电商的区别。张旭梅等[②]以"我厨"为例,探讨了O2O模式下,生鲜农产品如何实现增值。

2. 小农户参与电子商务的制约因素

在乡村振兴的大背景下,小农户作为乡村振兴的根本力量,得到政府的大力支持,越来越多的小农户尝试通过网络拓宽农产品销售渠道,但其线上销售尚存在诸多制约因素,主要分为内外两个方面。

一是外部因素,如冷链物流不完善,难以实现规模经营等。刘建鑫等[③]指出由于农户生产量小、所占耕地面积有限、产品同质化倾向严重,难以形成规模效应,因此要提高农业生产的组织化和集约化程度,提升农业生产的规模效应和边际收益。

二是内部因素,如自身禀赋限制、产品品牌知名度低、中间商挤压等。首先,在农户自身禀赋方面,唐立强等[④]指出农户的年龄、受教育程度、种植规模等对农户参与电商具有影响,年纪偏大、受教育程度偏低、种植规模偏小等都是阻碍农产品线上销售的原因。彭超和马彪[⑤]指出农村电商人才培养不出、挽留不下,人才缺失已经成为制约农产品电商发展的因素。其次,在农产品品牌建设方面,陈训明[⑥]、田文勇等[⑦]、陈江华

① 汪旭晖,张其林.电子商务破解生鲜农产品流通困局的内在机理:基于天猫生鲜与沱沱工社的双案例比较研究[J].中国软科学,2016(2):39-55.

② 张旭梅,梁晓云,陈旭,等.生鲜电商O2O商业模式实现路径[J].西北农林科技大学学报(社会科学版),2019,19(2):99-108,115.

③ 刘建鑫,王可山,张春林.生鲜农产品电子商务发展面临的主要问题及对策[J].中国流通经济,2016,30(12):57-64.

④ 唐立强,周静,刘杰.农户电商渠道选择行为及影响因素研究:基于辽宁省设施草莓产业的调查[J].农林经济管理学报,2019,18(5):636-644.

⑤ 彭超,马彪.农产品电商发展瓶颈及解决路径:来自河北省邯郸市的调查[J].农村工作通讯,2019(3):38-40.

⑥ 陈训明.农民专业合作社品牌培育影响因素实证分析:以福建省25家农业部示范农民专业合作社为例[J].东南学术,2011(4):60-69.

⑦ 田文勇,赵圣文,张会嫦.合作社农产品品牌建设行为影响因素实证分析:基于贵州、四川部分农民专业合作社的调查[J].开发研究,2014(5):30-33.

等①都对农民合作社品牌建设行为进行了实证分析，指出农产品品牌问题是影响农产品销售的重要因素。昝梦莹等②指出生鲜电商品牌不易打造，其难以实现生产标准化、质量难以把握的特征不易建立品牌信誉。最后，在中间商方面，浦徐进等③指出农户作为弱势的一方，极易受超市、合作社的压榨，使得农户在生产经营过程中的长期投入趋于保守。

基于以上问题，学者们提出要加快培养现代农民并开展农业技术培训、细化农产品分类标准和质量等级，由"产品营销"向"品牌营销"转变，推进信息服务网络建设，降低生鲜农产品线上销售的信息成本和运营成本，以促进小农户与"互联网＋"的结合。

三、线下线上融合销售相关研究

关于生鲜农产品线下线上销售融合的相关研究，学者们目前以定性分析为主，定量分析主要聚焦于供应商与零售商之间的渠道协调问题。具体来看，学者们主要围绕以下几个方面进行线下线上融合销售的研究：供应商的融合渠道建设、零售商的融合发展模式以及供应链的协调问题。

（一）供应商的融合渠道建设

传统线下销售渠道和新兴线上销售渠道在融合协调方面存在诸多问题。唐润和彭洋洋④从时间和温度对生鲜食品质量影响的角度切入，探

---

① 陈江华,李道和,刘佳佳,等.农民专业合作社品牌创建行为实证分析：基于合作社理事长视角[J].广东农业科学,2014,41(21)：204-209.

② 昝梦莹,陈光,王征兵.我国生鲜电商发展历程、现实困境与应对策略[J].经济问题,2020(12)：68-74.

③ 浦徐进,范旺达,吴亚.渠道模式、努力投入与生鲜农产品供应链运作效率研究[J].中国管理科学,2015,23(12)：105-112.

④ 唐润,彭洋洋.考虑时间和温度因素的生鲜食品双渠道供应链协调[J].中国管理科学,2017,25(10)：62-71.

讨了供应商在线上和线下销售渠道共存情形下的协调问题。范林榜等[①]分析了生鲜农产品线上、线下双渠道销售的冲突问题,提出了双渠道条件下产品的定价策略。

(二)零售商的融合发展模式

为实现利润最大化,零售商在渠道建设时需要考虑不同渠道的定价问题。丁宁和刘璐[②]运用零售、渠道结构与博弈论等相关理论,分析了主导型实体零售商渠道结构的选择问题,认为零售商双渠道结构是实体零售最优的渠道选择。岳柳青等[③]利用微分博弈方法,分析比较了在零售商主导的生鲜双渠道供应链中,生产商和零售商在不同契约条件下的最优策略。范辰等[④]将供应商和零售商两类主体均纳入考虑范围,研究了线上与线下渠道在整合前、物流合作以及价格整合这三种不同程度的渠道整合情形下的供应商、零售商最优定价与协调策略。国外学者也一直关注销售渠道的融合建设。萨尔玛·卡雷(Salma Karray)和西蒙·皮埃尔·彼雷(Simon Pierre Sigué)[⑤]分析了线上零售商发展的影响因素,明确了线下零售商应当在网络市场规模适中时拓展线上销售渠道,并且分析了拓展销售渠道后该如何定价、控制客户需求与获得最大化企业利润。

①　范林榜,姜文,邵朝霞.电子商务环境下收益共享的生鲜农产品双渠道供应链协调研究[J].农村经济,2019(6):137-144.

②　丁宁,刘璐.线上线下融合背景下实体零售商渠道结构选择[J].辽宁工业大学学报(社会科学版),2018,20(6):38-42.

③　岳柳青,刘咏梅,朱桂菊.零售商主导的生鲜双渠道供应链协调契约研究[J].软科学,2016,30(8):123-128,144.

④　范辰,张琼思,陈一鸣.新零售渠道整合下生鲜供应链的定价与协调策略[J].中国管理科学,2022,30(2):118-126.

⑤　KARRAY S, SIGUÉ S P. Offline retailers expanding online to compete with manufacturers: strategies and channel power[J]. Industrial Marketing Management, 2018(71): 203-214.

（三）供应链的协调问题

曹晓宁等[①]研究了在不同情境下（如保鲜努力与价格影响的情景、新鲜度扰动需求的情景等）线上渠道与线下渠道供应链的协调问题。陈志松和方莉[②]运用战略顾客行为理论，基于O2O运作模式特征，构建供应链集中决策模型和契约协调模型，比较了不同模式下的运营绩效，找出了供应链协调的影响因素。

除此之外，学者们对线上线下融合的研究还包含对效率方面的研究。樊利[③]利用数据包络分析（DEA）—BCC模型以及曼奎斯特指数（Malmquist index）进行分析，证明了实施线下线上渠道融合可促进零售业整体效率的提高。田刚等[④]采用层次回归方法结合事后分析法，实证研究了生鲜农产品电子商务模式创新对企业绩效的影响，并且证明了线下线上渠道融合在效率型和新颖型生鲜电商模式创新中都对企业绩效存在正向调节的作用。但在现有的研究中，关于新型农业经营主体如何建设、线下线上销售渠道融合的研究尚不充分。

第二节　上海市消费者生鲜农产品线上线下购买

本节将生鲜农产品分为蔬菜、水果、禽肉产品、水产品四大类，分析上

①　曹晓宁,王永明,薛方红,等.供应商保鲜努力的生鲜农产品双渠道供应链协调决策研究[J].中国管理科学,2021,29(3)：109－118.

②　陈志松,方莉.线上线下融合模式下考虑战略顾客行为的供应链协调研究[J].中国管理科学,2018,26(2)：14－24.

③　樊利.零售业线上线下融合效率研究[D/OL].哈尔滨：哈尔滨工业大学,2019[2023－07－30].https://kns.cnki.net/kcms2/article/abstract?v=3uoqIhG8C475KOm_zrgu4lQARvep2SAkEcTGK3Qt5VuzQzk0e7M1z3MboDSIRA_FklLbc6_QKjaD3qIj9-oHVFl3nEzDJ8kf&uniplatform=NZKPT.

④　田刚,张义,张蒙,等.生鲜农产品电子商务模式创新对企业绩效的影响：兼论环境动态性与线上线下融合性的联合调节效应[J].农业技术经济,2018(8)：135－144.

海市消费者对各类生鲜农产品的线上线下购买习惯与偏好。

一、上海市消费者生鲜农产品线上线下购买情况调查

笔者所在研究团队于 2022 年 3 月至 4 月向上海市常住居民发放以"消费者生鲜农产品购买行为"为主题的调查问卷,受新冠疫情影响,问卷于见数平台(Credamo)发布。通过设置甄别题项与筛选题项,确保问卷的有效性,问卷回收后逐项检查,拒绝无效问卷,剔除逻辑具有明显错误、答题不完整的无效问卷,共发放 378 份问卷,回收 300 份有效问卷,问卷有效回收率为 79.37%。问卷题项设计如下:

一是不同种类生鲜农产品的购买渠道。题项为"您通常在哪里购买禽肉产品/水产品/蔬菜/水果",选项设置为"超市、农贸市场、社区生鲜店、流动摊贩、水果店、生鲜电商平台(叮咚买菜、美团买菜等)、综合电商平台(淘宝、京东等)、政府电商平台(孙桥优选、金山味道等)、农场/农民合作社(微店、微信群、朋友圈)、直播平台(抖音、快手等)"。

二是不同种类生鲜农产品购买渠道的影响因素。题项为"哪些因素影响您线下购买禽肉产品/水产品/蔬菜/水果",选项按线下购买渠道与线上购买渠道分类,线下选项设置为"产品便于挑选、产品质量过关、价格便宜、位置便利、购物环境良好",线上选项设置为"产品质量过关、价格便宜、平台口碑好、售后服务好、送货及时、高效便捷"。

三是消费者个人信息。题项包括消费者的性别、年龄、职业、文化程度、家庭可支配月收入及所处行政区。考虑到上海市生鲜农产品种植区域与各行政区市民生鲜农产品购买习惯的不同,将受访者所属位置以外环线作为分界,外环线以内受访者有 142 位,占总人数的 47.3%;外环线以外的受访者有 158 位,占总人数的 52.7%,样本区域分布较为平均。在性别分布上,女性受访者占总人数的 64.0%,共计 192 位;男性受访者占总人数的 36.0%,共计 108 位。在年龄分布上,26～34 岁的受访者比重最大,占总人数的 39.0%。在文化程度分布上,文化程度为高中以上的受访

者占总样本的 97%。在家庭可支配月收入上,8 001～12 000 元的受访者比重最高,占总人数的 24.4%。在职业分布上,民企/外企职工、国企/事业单位/公务员受访者共计 215 位,占总样本的 71.7%。

本次调查的大多数受访者为青年女性,文化程度较高,家庭可支配收入较高,对高品质生鲜农产品的需求较大,具备线上与线下渠道购买的意愿与经验,能够理解问卷题目与选项内容,因此调研数据具有较高的可靠性。受访者基本情况如表 2-1 所示。

表 2-1　上海市消费者样本的基本特征

项目	类　别	人数/人	比例/%	项目	类　别	人数/人	比例/%
所属位置	外环线以内	142	47.3	性别	男	108	36.0
	外环线以外	158	52.7		女	192	64.0
年龄	18～25 岁	108	36.0	家庭可支配月收入	8 001～12 000 元	73	24.4
	26～34 岁	117	39.0		12 001～16 000 元	38	12.7
	35～44 岁	55	18.3		16 001～20 000 元	52	17.3
	45 岁及以上	20	6.7		20 001 元以上	49	16.3
学历	高中	9	3.0	职业	自由职业	10	3.3
	专科	52	17.3		学生	71	23.7
	大学本科	189	63.0		民企/外企职工	150	50
	研究生及以上	50	16.7		退休人员	4	1.3
家庭可支配月收入	4 000 元以下	21	7.0		国企/事业单位/公务员	65	21.7
	4 001～8 000 元	67	22.3				

资料来源：笔者根据调研资料整理。

二、各类生鲜农产品线下购买渠道

如图 2-1 所示,禽肉产品线下购买渠道中排名前三位的分别是超市、农贸市场和社区生鲜店,占比分别为 26.10%、23.50%、17.30%。

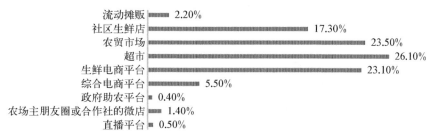

图 2-1 禽肉产品购买渠道的分布情况

资料来源:笔者根据调研资料整理。

如图 2-2 所示,水产品线下购买渠道中排名前三位的分别是超市、农贸市场和社区生鲜店,占比分别为 25.60%、25.30%、16.70%。

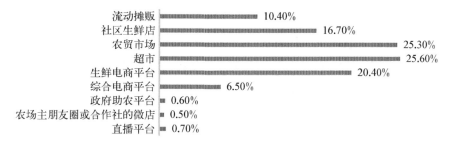

图 2-2 水产品购买渠道的分布情况

资料来源:笔者根据调研资料整理。

如图 2-3 所示,蔬菜线下购买渠道中排名前三位的分别是农贸市场、超市和社区生鲜店,占比分别为 22.3%、22.0%、15.8%。

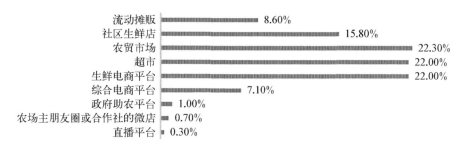

图 2-3 蔬菜购买渠道的分布情况

资料来源:笔者根据调研资料整理。

如图 2-4 所示,水果线下购买渠道中排名前三位的分别是超市、水果店、社区生鲜店,占比分别为 19.70％、19.00％、12.70％。

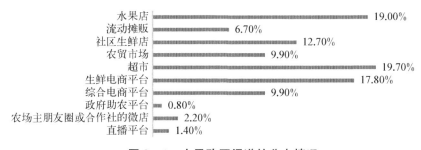

图 2-4　水果购买渠道的分布情况

资料来源：笔者根据调研资料整理。

结合图 2-1～图 2-4 可知,除水果外,其余生鲜农产品的主要线下购买渠道均为超市、农贸市场、社区生鲜店。关于生鲜农产品,消费者线下购买渠道的总体特征如下:

第一,超市是消费者线下购买所有品类生鲜农产品的首要选择。一方面,超市内生鲜农产品品种较丰富,品质有保障。自 2009 年商务部开始试点推行"农超对接"模式后,各地政府通过组织大型连锁超市、农产品流通企业与农产品专业合作社开展对接活动,引导建立直接供应超市的农产品生产基地。另一方面,超市内的购物环境较整洁,消费者可以获得良好的购物体验。

第二,农贸市场是消费者线下购买除水果外其他品类生鲜农产品的第二选择。消费者购买水果与其他品类生鲜农产品线下渠道有所不同的原因可能在于:水果类产品的线下商铺(即水果店)数量相对较多。最高有 25.30％的消费者偏好在农贸市场购买水产品,可能的原因在于:一方面,农贸市场中鲜活水产品的种类丰富且进货量大;另一方面,农贸市场可以为消费者提供简单的水产品加工服务。

第三,社区生鲜店是消费者购买所有品类生鲜农产品的第三选择。一方面,随着生活节奏变快和居民时间观念的增强,位于消费者居住地附近的社区生鲜店能满足其当下消费快捷性与便利性的双重需求;另一方面,随着物流配送形式变得多样与便捷,社区生鲜店可以为消费者提供自提和送货服务,这些都增强了社区生鲜店的竞争优势。

第四,选择流动摊贩渠道购买生鲜农产品的消费者最少,但不同生鲜农产品表现出较大的差异性。在流动摊贩处购买蔬菜与水果的消费者的比重远高于禽肉产品与水产品。访谈发现:部分消费者认为流动摊贩售卖的蔬果产品是小批量种植的,更加健康。有消费者还提到流动摊贩通常在各街道、居民小区附近售卖,购买便利性较高。但社区流动摊贩总体数量较少、产量较小,因此选择在流动摊贩处购买生鲜农产品的消费者也较少。

三、各类生鲜农产品线上购买渠道

如图 2-1 所示,禽肉产品线上购买渠道中排名前三位的分别是生鲜电商平台、综合电商平台和农场主朋友圈/合作社的微店,占比分别为 23.10%、5.50%、1.40%。如图 2-2 所示,水产品线上购买渠道中排名前三位的分别是生鲜电商平台、综合电商平台和直播平台,占比分别为 20.40%、6.50%、0.70%。如图 2-3 所示,蔬菜线上购买渠道中排名前三位的分别是生鲜电商平台、综合电商平台和政府助农平台,占比分别为 22.00%、7.10%、1.00%。如图 2-4 所示,水果线上购买渠道中排名前三位的分别是生鲜电商平台、综合电商平台、农场主朋友圈/合作社的微店,分别占总样本比例的 17.80%、9.90%、2.20%。

生鲜农产品线上购买渠道总体特征如下:

第一,生鲜电商平台是所有品类生鲜农产品线上购买的首选渠道。一方面,生鲜电商平台物流配送速度快,能够满足消费者即时预订的需求;另一方面,消费者更偏向专注于生鲜农产品销售的电商平台。目前我国生鲜农产品网络零售市场逐渐趋于成熟,消费者在不同平台间已形成差异化购物习惯。

第二,综合电商平台是所有品类生鲜农产品线上购买的第二选择。但调研数据显示,消费者选择在综合电商平台购买生鲜农产品的比例远低于生鲜电商平台,可能是由于综合电商平台所售生鲜农产品的单位分量较大,不能满足消费者小批量的购买需求。仅水果类产品在综合电商平台购买渠道中的占比最高，这可能是由于水果类产品作为生鲜农产品的核心品类，商品化率、标准化率较高，网络零售模式也相对成熟。

第三，消费者选择在政府助农平台、农场主朋友圈/合作社的微店、直播平台购买所有品类生鲜农产品的比重均较低。在政府助农平台方面，我们通过访谈了解到存在"消费者不清楚具体的助农平台""对于在助农平台购买的效率、售后情况都存在担忧"等情况。同时，政府助农平台流量不足、可持续性较低，只有在政府集中宣传时，助农平台才有一定销量。在农场主朋友圈/合作社的微店方面，新型农业经营主体推广范围有限，单凭经营主体个人的力量很难将自有线上销售渠道推广至熟客以外的消费者。即使经营主体有意愿以微店、小程序等模式进行线上销售，但受限于自身技术能力及专业人才不足，此种销售模式占比甚微。在直播平台方面，自 2020 年以来直播行业进入爆发期，农产品电商直播呈"井喷式"增长，但选择通过直播购买生鲜农产品的消费者比重较低，可能与消费者在直播平台购物的习惯尚未养成和对直播平台信任度不高等因素有关。

四、生鲜农产品购买渠道的影响因素

（一）消费者线下购买生鲜农产品的影响因素

如表 2-2 所示，消费者在线下购买禽肉产品与水产品时，关注因素依次是产品质量过关、产品便于挑选、位置便利、价格便宜、购物环境良好；线下购买蔬菜产品时，关注因素依次是产品便于挑选、产品质量过关、价格便宜、位置便利、购物环境良好；线下购买水果产品时，关注因素依次是产品便于挑选、产品质量过关、位置便利、价格便宜、购物环境良好。由此可得关于影响消费者线下购买生鲜农产品因素的以下结论：

第一，产品质量是消费者线下购买生鲜农产品时最为关注的因素，其次是产品便于挑选，即是否方便辨识产品质量情况，侧面反映了消费者对产品质量的关注。

第二，消费者线下购买生鲜农产品时，对产品质量的关注超出对产品价格的关注。可能原因在于，都市消费者收入水平的提升，带来了生鲜农产品消费需求的不断升级，消费者对生鲜农产品价格的敏感度相对降低。

第三，位置便利和购物环境良好是消费者线下购买所有品类生鲜农产品的次级关注因素。

表 2－2　影响线下购买生鲜农产品的因素

因 素 类 别	禽肉产品/%	水产品/%	蔬菜/%	水果/%
产品便于挑选	27.1	28.4	25.3	27.1
产品质量过关	30.2	29.4	24.6	25.3
价格便宜	16.1	14.9	21.8	19.6
位置便利	17.6	18.2	20.0	20.5
购物环境良好	9.0	9.1	8.4	7.5

资料来源：笔者根据调研资料整理。

（二）消费者线上购买生鲜农产品的影响因素

如表 2－3 所示，消费者线上购买禽肉产品，关注因素依次是送货及时、产品质量过关、平台口碑好、价格便宜、可提前预订、售后服务好；线上购买水产品，关注因素依次是产品质量过关、送货及时、平台口碑好、价格便宜、可提前预订、售后服务好；线上购买蔬菜产品，关注因素依次是送货及时、产品质量过关、价格便宜、平台口碑好、售后服务好、可提前预订；线上购买水果，关注因素依次是产品质量过关、送货及时、价格便宜、平台口碑好、售后服务好、可提前预订。由此可得关于影响消费者线上购买生鲜农产品因素的以下结论：

第一，消费者线上购买生鲜农产品时，同样最关注产品质量，但送货是否及时也是消费者线上购买生鲜农产品的重点关注因素。生鲜农产品的配送时效影响消费者收货时对产品质量的感知，侧面反映了消费者对产品质量的要求。

第二，消费者线上购买生鲜农产品时对产品质量的关注同样超出了产品价格，可能的原因如下：一方面同样在于消费者消费需求的升级带来了对生鲜农产品价格敏感度的降低；另一方面消费者线上购买生鲜农产品时，在各大线上平台比价较为方便，且通常线上平台之间存在一定的价格战，使生鲜农产品线上售价差异较小。

第三，售后服务与可提前预订是消费者线上购买所有品类生鲜农产品的次级关注因素。原因可能在于线上销售平台提供的这两项服务基本同质，消费者通常能够在线上平台订产品，也能够享受较好的售后服务。

表 2-3　影响线上购买生鲜农产品的因素

因 素 类 别	禽肉产品/%	水产品/%	蔬菜/%	水果/%
产品质量过关	22.0	24.8	21.5	23.8
价格便宜	16.1	15.1	21.3	20.3
平台口碑好	20.2	16.0	14.3	15.3
售后服务好	8.0	10.2	10.2	10.3
送货及时	22.9	22.2	23.5	21.3
可提前预订	10.8	11.7	9.2	9.1

资料来源：笔者根据调研资料整理。

第三节　上海市消费者对区域公用品牌农产品的认知与购买

农业品牌是农业农村现代化的重要标志。2022 年中央一号文件指出，要"持续推进农村一二三产业融合发展，开展农业品种培优、品质提升、品牌打造和标准化生产提升行动"。农产品区域公用品牌是农业品牌建设的重要载体，也能满足都市居民日益丰富的消费升级需求，实现农产品"优质优价",提升生鲜农产品销售效益。

一、上海市消费者对区域公用品牌农产品认知与购买调研概况

　　笔者所在研究团队于 2022 年 3 月至 4 月对上海市常住居民发放线上问卷,以"南汇水蜜桃"与"南汇 8424 西瓜"为例,对消费者的区域公用品牌农产品认知与购买现状展开调查。问卷发布于见数平台(Credamo),通过设置甄别项与筛选项来确保受访者填写的问卷的有效性,问卷回收后由课题组成员逐题检查,拒绝无效问卷,剔除逻辑具有明显错误、答题不完整的问卷后,共回收 485 份有效问卷,问卷有效率为 99%。

　　受访者基本情况如表 2-4 所示。在性别分布上,女性受访者占总人数的 63.3%;在年龄分布上,18～34 岁受访者占总人数的 65.6%;在文化程度分布上,大学本科及以上受访者占总人数的 81.8%;在职业分布上,国企、事业单位或公务员与民企或外企在职人员受访者占总人数的 64.3%;在可支配月收入分布上,8 000 元以下者占比为 52.4%,8 000～12 000 元者占比为 21.9%,12 000 元以上者占比为 25.7%。

表 2-4　受访者基本特征

项目	类　　别	人数/人	比例/%	项目	类　　别	人数/人	比例/%
性别	男	178	36.7	职业	退休人员	9	1.9
	女	307	63.3		学生	146	30.1
学历	高中	44	9.1		自由职业	16	3.3
	专科	44	9.1		无业	2	0.4
	大学本科	278	57.3	年龄	18～25 岁	178	36.7
	研究生及以上	119	24.5		26～34 岁	140	28.9
职业	国企、事业单位或公务员	152	31.3		35～44 岁	81	16.7
	民企或外企在职人员	160	33		45～54 岁	66	13.6
					55 岁及以上	20	4.1

项目	类　别	人数/人	比例/%	项目	类　别	人数/人	比例/%
可支配月收入	3 000 元以下	107	22.1	可支配月收入	8 000～12 000 元	106	21.9
	3 000～5 000 元	71	14.6		12 000～15 000 元	51	10.4
	5 000～8 000 元	76	15.7		15 000 元以上	74	15.3

资料来源：笔者根据调研资料整理。

由此可以发现：本次调查中的受访者大多为青年女性，受教育程度较高，有较稳定的工作岗位，收入水平较高，具备线上与线下渠道购买生鲜农产品的需求与经验，能够掌握问卷题目与选项内容，因此调研数据的可靠性较高。

二、消费者对区域公用品牌农产品的认知情况

（一）题项设计

针对上海市消费者对区域公用品牌农产品的认知情况调查，题项设计如下：

一是消费者对食品健康与品牌的态度调查。题项为"您对以下说法是否同意：（1＝非常不同意，5＝非常同意）"，选项设置为：我重视食品健康问题、我在购买农产品时非常注重品牌、我了解"农产品区域公用品牌"概念、我认为"农产品区域公用品牌"值得信任、我认为购买区域公用品牌农产品是有必要的。

二是农产品区域公用品牌认知情况调查。题项为"您见过以下农产品区域公用品牌标识吗？（以'南汇水蜜桃'与'南汇 8424 西瓜'为例）"，选项设置为：见过、没见过。

三是消费者对农产品区域公用品牌的印象调查。题项为"您对区域公用品牌农产品的印象（1＝非常不同意，5＝非常同意）"，题项对区域公用品

牌的印象调查分为几类：品牌形象（易识别、易记忆、品牌知名、社会认可度高、可信赖、真诚安全、销售服务好）、品牌农产品特征（质量可靠、对健康有益、更高端、比同类产品更具优越性）、消费者主观意愿（会重复购买、对品牌忠诚、有品牌归属感、会主动关注品牌动态、会推荐品牌、可接受品牌溢价）。

（二）问卷数据分析

通过分析问卷数据，上海市消费者对区域公用品牌农产品的认知情况如下：

第一，消费者高度重视食品安全问题，购买区域公用品牌农产品的态度积极。如图2-5所示，98.35％的消费者重视食品安全问题，90.93％的消费者在购买农产品时注重品牌，并且有92.16％的消费者认为有必要购买区域公用品牌农产品。受访者中了解"农产品区域公用品牌"概念的消费者占总人数的78.34％，虽然有21.65％的受访者并不是很了解农产品区域公用品牌的概念，但94.02％的受访者都认为农产品区域公用品牌是值得信任的。总体而言，消费者对区域公用品牌农产品的态度是非常积极的。

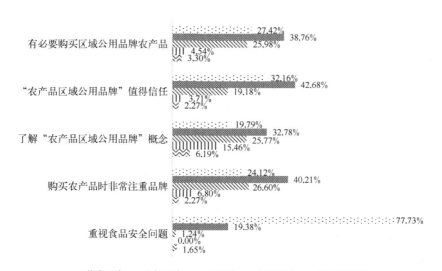

图2-5 消费者对食品健康与品牌的态度

资料来源：笔者根据调研资料整理。

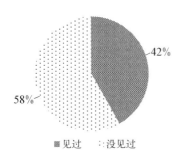

图 2 - 6   消费者是否见过农产品区域公用品牌标识

资料来源：笔者根据调研资料整理。

第二，消费者对农产品区域公用品牌标识的认知还有待提升。如图 2 - 6 所示，以"南汇水蜜桃"和"南汇 8424 西瓜"为例，58%的受访者表示未见过该农产品区域公用品牌标识，表明品牌宣传力度还有待提升。

第三，消费者对区域公用品牌农产品的印象总体较好。从品牌形象、品牌农产品特征、消费者主观意愿三方面调查可知：消费者对区域公用品牌有较好的印象，认为农产品区域公用品牌较易识别与记忆，品牌具有一定知名度，社会认可度高，品牌可信赖且售前售后服务好；消费者对区域公用品牌农产品质量的印象良好，认为区域公用品牌农产品质量可靠，对健康有益，比同类产品更高端且更具优越性；消费者具有购买区域公用品牌农产品的主观意愿，认为会重复购买区域公用品牌农产品并且可以接受一定程度的品牌溢价，对品牌忠诚且有归属感，会主动关注品牌动态且会向亲友推荐该品牌。

消费者对农产品区域公用品牌的总体印象较好。如图 2 - 7 所示，在品牌识别与记忆方面，以"南汇水蜜桃"与"南汇 8424 西瓜"为例，78.35%的消费者认为农产品区域公用品牌是容易识别的；89.08%的消费者认为农产品区域公用品牌形象是容易记忆的；88.46%的消费者认为农产品区域公用品牌知名度较高；93.4%的消费者认为农产品区域公用品牌的社会认可度高；93.20%的消费者认为农产品区域公用品牌是可信赖的；95.05%的消费者认为农产品区域公用品牌真诚安全；86.60%的消费者认为农产品区域公用品牌的销售服务质量好。总体而言，85%以上的消费者对农产品区域公用品牌都有较好的印象。

消费者对区域公用品牌农产品质量的印象良好。如图 2 - 8 所示，与同类农产品相比，90.31%的消费者认为区域公用品牌农产品的质量更可靠；分别有 81.86%、81.44%、89.08%的消费者认为区域公用品牌农产品对健康更有益、更高端、更具优越性。总体而言，以"南汇水蜜桃"与"南汇

8424 西瓜"为例，80％以上的消费者都认为这两种区域公用品牌农产品优于同类农产品。

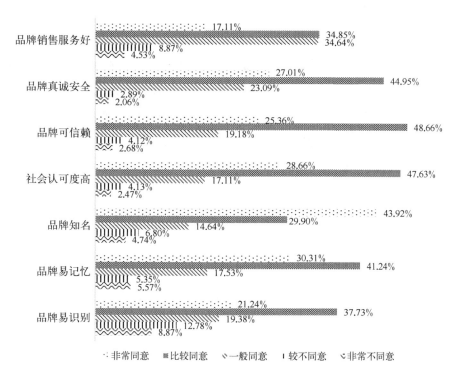

图 2-7　消费者对农产品区域公用品牌形象的印象

资料来源：笔者根据调研资料整理。

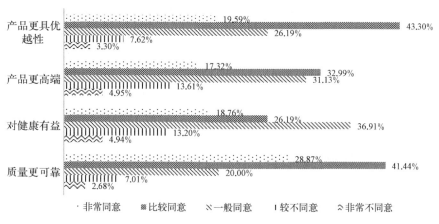

图 2-8　消费者对区域公用品牌农产品特征的印象

资料来源：笔者根据调研资料整理。

消费者具有较强的购买区域公用品牌农产品的主观意愿。如图 2-9 所示，在购买区域公用品牌农产品时，83.51％的消费者可以接受一定程度的溢价；92.38％的消费者会选择重复购买区域公用品牌的农产品；在品牌忠诚度方面，80.21％的消费者对"南汇水蜜桃"/"南汇 8424 西瓜"此类区域公用品牌农产品具有较高忠诚度，不会轻易转换成其他同类品牌；79.79％的消费者在购买过区域公用品牌农产品后，会对该品牌产生归属感，这可能是消费者对区域公用品牌具有较高忠诚度的原因之一；在品牌发展上，76.91％的消费者会主动关注农产品区域公用品牌的相关信息，且 89.08％的消费者会向亲友推荐该品牌。

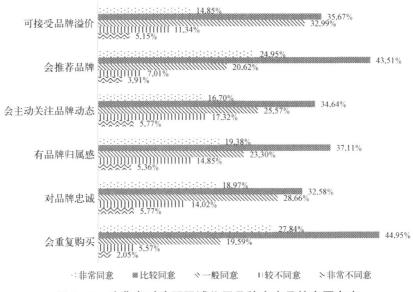

图 2-9 消费者对购买区域公用品牌农产品的意愿态度

资料来源：笔者根据调研资料整理。

三、消费者对区域公用品牌农产品的购买情况

（一）题项设计

针对上海市消费者购买区域公用品牌农产品的情况调查，以"南汇水

蜜桃"/"南汇 8424 西瓜"为例,题项设计如下:

一是消费者购买区域公用品牌农产品的频率与用途。调查频率的题项为"您每年购买区域公用品牌农产品的次数",选项设置为:从未购买过、1 次、2 次、3 次及以上;调查用途的题项为"您购买'南汇水蜜桃'的用途是?",选项设置为:自己食用、赠送亲友、发放员工福利、其他。

二是消费者线上线下购买区域公用品牌农产品情况。首先是消费者线上线下购买情况,题项设置为"您是否在线下/线上购买过区域公用品牌农产品?",选项设置为:是、否。其次是线上线下购买渠道的情况调查,题项设置为"您通常在哪些线下/线上渠道购买区域公用品牌农产品?",选项分别设置为:产地直摘、社区团购、单位福利派发、超市、合作社实体零售店/政府电商平台、综合性电商平台、生鲜电商平台、合作社电商平台。最后是线上线下购买区域公用品牌农产品的区别,包括价格、品质、包装与服务,题项设置为"您线上购买的区域公用品牌农产品价格/品质/包装/服务和线下相差程度?",选项设置为:线上更好、基本一致、线下更好。

三是消费者购买区域公用品牌农产品时关注属性的调查。选项设置为:"您在购买区域公用品牌农产品时,以下属性的重要程度如何(1＝非常不重要,5＝非常重要)",选项设置为:价格、品质、口感、包装、宣传度、区域公用品牌标识、防伪追溯标识、购买便利性、品牌形象。

(二)问卷数据分析

通过对问卷数据进行分析,上海市消费者购买区域公用品牌农产品的情况如下:

第一,多数消费者具有购买区域公用品牌农产品的经历,且多为自己食用。如图 2-10 和图 2-11 所示,从未购买过区域公用品牌农产品的消费者只占总人数的 13%,有 58% 的消费者每年会购买 3 次及以上区域公用品牌农产品；84.95％的消费者购买区域公用品牌农产品用于自己食用，44.54％的消费者会购买区域公用品牌农产品赠送亲友，4.95％的消费者会购买区域公用品牌农产品用于发放员工福利。

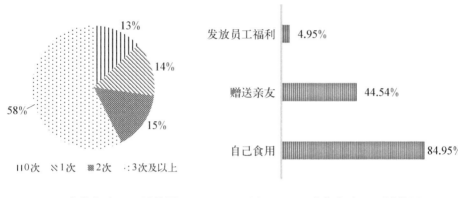

图 2－10　消费者购买区域公用
品牌农产品的次数

资料来源：笔者根据调研资料整理。

图 2－11　消费者购买区域公用
品牌农产品的用途

资料来源：笔者根据调研资料整理。

第二，消费者购买区域公用品牌农产品的渠道多样，目前选择线下购买比线上购买的比例高，且消费者认为在线上与线下渠道购买区域公用品牌农产品时的价格、品质、包装与服务存在一定差别。

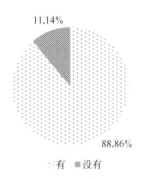

图 2－12　消费者线下
购买区域公
用品牌农产
品的比例

资料来源：笔者根据
调研资料整理。

首先，消费者线下购买区域公用品牌农产品的比例较高。如图 2－12 和图 2－13 所示，在购买过区域公用品牌农产品的消费者当中，只有 11.14％的消费者没有通过线下渠道购买，88.86％的消费者都曾通过线下渠道购买。其中，通过超市渠道购买的消费者最多，占总人数的 71.33％；通过合作社实体零售店、产地直摘、社区团购 3 个渠道购买的消费者分别占比 33.89％、31.52％、28.67％；有 10.66％的消费者会通过单位福利派发而获得区域公用品牌农产品，只有 1.42％的消费者通过水果店购买区域公用品牌农产品。

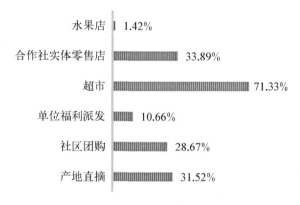

**图 2-13　消费者线下购买区域公用
品牌农产品的渠道**

资料来源：笔者根据调研资料整理。

其次,消费者通过线上渠道购买区域公用品牌农产品的比例不高,其中通过生鲜电商平台购买的消费者最多。如图 2-14 和图 2-15 所示,只有 50.71% 的消费者曾通过线上渠道购买区域公用品牌农产品。其中通过生鲜电商平台,如"叮咚买菜""盒马鲜生""每日优鲜""美团买菜"等渠道购买的消费者占总数的 43.36%;通过综合性电商平台,如"京东""淘宝""天猫""拼多多"等平台购买的消费者占总数的 32.46%;通过政府电商平台,如"孙桥优选""鱼米之乡"等平台购买的消费者占总数的 10.90%;而通过合作社电商平台,如"微店""朋友圈"等购买的消费者最少,占总人数的 9.24%。

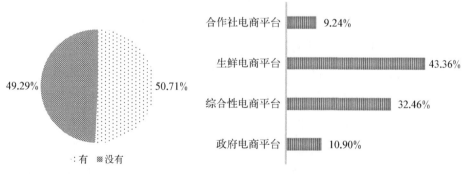

**图 2-14　消费者线上购买区域公
用品牌农产品的比例**

资料来源：笔者根据调研资料整理。

**图 2-15　消费者线上购买区域公用
品牌农产品的渠道**

资料来源：笔者根据调研资料整理。

最后，消费者通过线上、线下渠道购买区域公用品牌农产品时，大多认为价格、品质、包装与服务能够保持一致，但不同属性之间仍然存在一定差别。

如图2-16所示，在价格方面，45.79％的消费者认为线上与线下价格基本一致，49.53％的消费者认为区域公用品牌农产品的线上价格更加优惠，而有4.67％的消费者认为线下购买的价格更加优惠。

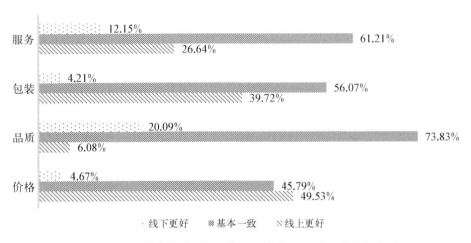

图2-16　消费者线上、线下购买区域公用品牌农产品的差别

资料来源：笔者根据调研资料整理。

在品质方面，73.83％的消费者认为线上线下购买渠道基本一致，20.09％的消费者认为线下购买的区域公用品牌农产品的品质更好，只有6.08％的消费者认为线上购买的农产品品质更好。

在包装方面，56.07％的消费者认为通过线上与线下渠道购买的区域公用品牌农产品包装能够基本保持一致，39.72％的消费者认为线上渠道的包装更好，只有4.21％的消费者认为线下渠道的包装更好。

在服务方面，61.21％的消费者认为通过线上与线下渠道购买区域公用品牌农产品时的服务水平能够基本达到一致，26.64％的消费者认为线上渠道的服务更好，而只有12.15％的消费者认为线下销售渠道的服务更好。

第三，在购买区域公用品牌农产品时，消费者认为将属性按照重要性排序依次为购买便利性、品质、口感、价格、品牌形象、防伪追溯标识、区域公用品牌标识品牌宣传度与包装。

　　如图 2－17 所示,在购买便利性方面,99.06％的消费者认为在购买区域公用品牌农产品时便利性是重要的,其中有 40.05％的消费者认为在购买区域公用品牌农产品时便利性非常重要。

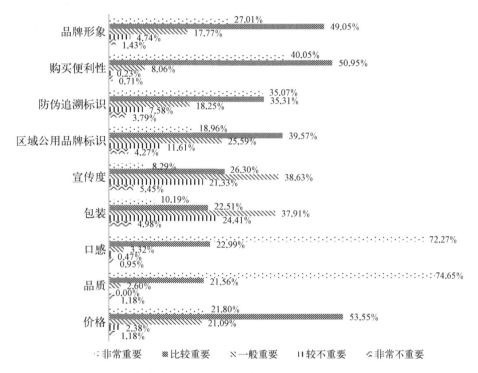

图 2－17　消费者购买区域公用品牌农产品时对各属性的重视程度

资料来源:笔者根据调研资料整理。

　　在品质与口感方面,分别有 98.81％、98.58％的消费者认为购买区域公用品牌农产品时品质、口感是重要的,分别有 74.65％、72.27％的消费者认为购买区域公用品牌农产品时品质、口感非常重要,分别有 21.56％、22.99％的消费者认为购买区域公用品牌农产品时品质、口感比较重要,只有 1.18％、1.42％的消费者认为品质、口感并不重要。

　　在价格方面,96.44％的消费者认为购买区域公用品牌农产品时价格是重要的,其中 21.80％的消费者认为价格非常重要,53.55％的消费者认为价格比较重要，只有 3.56％的消费者认为价格不重要。

在品牌形象方面，93.83％的消费者认为品牌形象是重要的，其中有 27.01％的消费者认为品牌形象非常重要，有 49.05％的消费者认为品牌形象比较重要，只有 6.17％的消费者认为品牌形象并不重要。

在标识方面，分别有 88.63％、84.12％的消费者认为购买区域公用品牌农产品时防伪追溯标识、区域公用品牌标识是重要的，其中分别有 35.07％、18.96％的消费者认为这两者非常重要，分别有 35.31％、39.57％的消费者认为两者比较重要，但也分别有 11.37％、15.88％的消费者认为这两种标识并不重要。

在品牌宣传度与包装方面，分别有 73.22％、70.61％的消费者认为购买区域公用品牌农产品时品牌宣传度、包装是重要的，其中分别有 8.29％、10.19％的消费者认为这两者非常重要，分别有 26.30％、22.51％的消费者认为这两种比较重要，但也分别有 26.78％、29.39％的消费者认为购买区域公用品牌农产品时品牌宣传度、包装并不重要。

第三章
都市新型农业主体线下销售

　　我国生鲜农产品销售以线下模式为主,为了解生鲜农产品的销售情况,对线下销售渠道进行研究是十分必要的。本篇首先概括了全国生鲜农产品线下销售现状,接着从新型农业经营主体视角出发,分析了上海市新型农业经营主体线下销售情况,并对典型案例进行了研究,最后结合生鲜农产品线下销售面临的问题与挑战,对生鲜农产品线下销售渠道未来发展提供了相关建议。

第一节　生鲜农产品线下零售发展概况

一、生鲜农产品总体消费规模持续增长

　　近年来,中国生鲜零售市场规模逐年扩大,有着万亿级的市场体量,且居民对生鲜农产品的需求保持持续增长态势。如图 3-1 和图 3-2 所示,2018—2022 年,中国生鲜零售市场规模由 4.01 万亿元增长至 6.10 万亿元,且 2023 年仍在增加;2018—2022 年,中国居民人均主要生鲜农产品消费量由 212.2 千克增长至 245.6 千克。

　　如图 3-3 所示,鲜菜消费占生鲜农产品消费量的比重最大,多年来保持 40% 以上的比重;水产品和肉禽蛋奶类消费占比均有所提升。

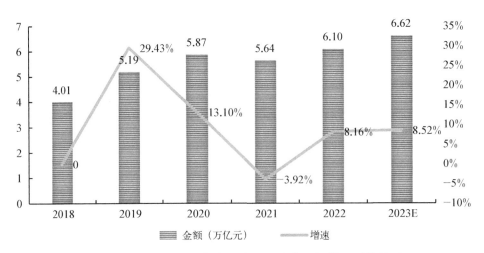

图3-1 2018—2023年中国生鲜零售市场规模预测趋势图

资料来源：中商产业研究院。

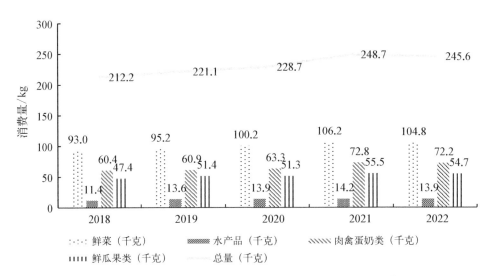

图3-2 2018—2022年中国居民人均主要生鲜农产品消费量

资料来源：中国统计年鉴。

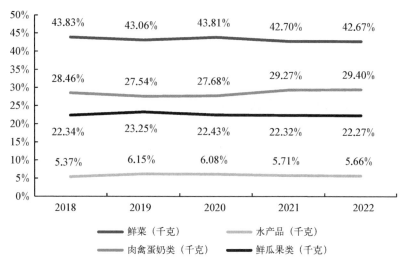

图 3-3　2018—2022 年中国居民人均主要生鲜农产品消费占比

资料来源：中国统计年鉴。

二、生鲜农产品线下零售比重略有缩减

生鲜农产品线下销售比重呈逐年缩减趋势，但其线下销售体量依旧庞大。如图 3-4 所示，2017—2021 年，生鲜农产品线下销售比重逐年降

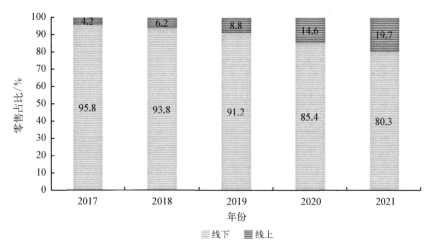

图 3-4　2017—2021 年中国生鲜零售市场规模结构

资料来源：艾瑞咨询。

低，但生鲜农产品线下零售占比仍然很高，2021年生鲜农产品线下零售占比依然高达80.3％，可见生鲜农产品线下零售仍是需要重点关注的部分。

三、生鲜农产品线下零售四大重要渠道

生鲜农产品线下零售渠道主要包括农贸市场、社区生鲜店、超市和其他（路边摊、餐饮消费等）。2020年，农贸市场在我国生鲜零售渠道中的占比为57％，社区生鲜店占比为19％，大型超市占比为13％，其他渠道如路边摊、餐饮消费等占比为4％[①]。

（一）农贸市场渠道

农贸市场是指由市场开办者提供固定场地、设施和服务，若干经营者集中在场内从事以食用农产品销售为主的经营活动的场所[②]。例如上海永年菜场、杭州红石板农贸市场等。农贸市场的物业拥有者和商品经营者追求租赁和经营的利益最大化使其具有明显的经济属性；作为城乡居民"菜篮子"商品供应的主要场所，农贸市场也兼具社会属性和公益属性。

农贸市场渠道具有消费者自主选择权大、消费者基数大、历史文化悠久的优势，搞活了农产品流通，增加了农民收入，丰富了城市居民的"菜篮子"。但农贸市场基础设施发展不平衡[③]、市场经营管理落后、生鲜果蔬损耗率较高等弊端仍然存在。

---

① 数据来源：全国城市农贸中心联合会《2021年农贸市场发展情况调查报告》。
② 市场监管局.关于印发江苏省食用农产品市场销售监督管理指导意见（试行）的通知［A/OL］.（2018 - 06 - 12）［2023 - 07 - 30］.http://njna.nanjing.gov.cn/ztzl/cjgjspaqsfcs/sazcfg/201806/t20180612_446533.html.
③ 农贸市场基础设施发展不平衡：农贸市场普遍建有农残检测及质量追溯方面的硬件设施，建有信息系统及垃圾处理设施的市场也较多，但配置储存用冷库（冷柜）、销售展示用冷库（冷柜）、污水处理、统一电子结算设施的市场偏少。受经济发展及政策环境影响，一线城市农贸市场冷链设施及信息系统设施建设强于其他城市，但污水处理设施建设弱于其他城市市场。

（二）社区生鲜店渠道

社区生鲜店是指面积在 50 平方米以上、1 000 平方米以下，生鲜销售占比在 30% 以上，服务社区的零售业态①。社区生鲜店"小而多"，一般开设在社区附近或者社区里，满足了消费者短距离购物便利的需求，较为有效地解决了生鲜农产品供求的"最后一公里"问题。

但社区生鲜店的经营管理存在一些问题：一方面，对于连锁型社区生鲜店（如清美鲜食、永辉 mini 等），店铺资源需求大，铺设大量社区生鲜店需要投入充足的人力和财力，对生鲜企业的资本投入是一种考验。另一方面，对于非连锁的社区生鲜店，一是有些社区生鲜店内柜台经营所属权不统一，店铺方对柜台方的监督管理不足；二是经营者与供应商之间信息不对称，社区生鲜店规模小，经营者议价能力偏弱；三是店铺间同质化较为严重，缺乏核心竞争力。

（三）超市渠道

超市渠道包括综合超市和生鲜超市。超市销售生鲜农产品具有品类丰富、品质安全放心且购物环境整洁等优势。与综合超市相比，近年来出现的生鲜超市还具有凭借直采及规模优势而带来的价格优势，因选址要求相对较低而带来的成本优势，因只做生鲜而带来的专业化优势等。

但超市销售生鲜产品仍存在诸如农超对接模式尚未取得突破性进展，生鲜食材的卖场加工能力没有得到持续提高，适应消费升级的生鲜农产品在品类变化和品质提升上滞后等问题。

（四）其他渠道

其他渠道包括路边摊、餐饮消费、采摘体验等。路边摊渠道主要指农

① 正式发布：2018 社区生鲜调研报告完整版［EB/OL］.（2018 - 12 - 28）［2023 - 07 - 30］.https://mp.weixin.qq.com/s/L44dkEg9Ob55z21R3ESSEg.

户通过在路边摆地摊的形式将生鲜农产品售卖给消费者。餐饮消费是把消费者对生鲜农产品的体验、消费嫁接在餐饮店里。采摘体验指消费者直接前往生鲜农产品生产基地或采摘园进行采摘、观光、游玩并购买。

以上方式均丰富了生鲜农产品的线下销售渠道，给消费者带来多样的选择机会。但也面临质量安全难以保证、价格变动较大、生鲜农产品品类较为有限、缺乏便利性等问题。

第二节 都市新型农业经营主体
线下销售现状分析

为了解都市新型农业经营主体生鲜农产品销售情况，笔者所在研究团队于 2022 年 1 月至 3 月对上海市新型农业经营主体进行了访谈与问卷调查。

一、调研概况

（一）设计访谈提纲

为了解上海市新型农业经营主体生鲜农产品销售情况，笔者设计了访谈提纲，如表 3-1 所示。

表 3-1 新型农业经营主体访谈提纲

问　　题	具　体　内　容
请您简要介绍组织的发展历程和经营状况。	例如经营时长、生鲜农产品产量、生鲜农产品类别、产品质量认证情况、耕地面积（流转土地面积与时长）、盈利水平、主要销售区域等
请问生鲜农产品主要销售渠道是什么？	线下销售渠道有哪些？为什么选择该种渠道？线上销售渠道有哪些？为什么选择该种渠道？

续　表

问　　题	具　体　内　容
请问生鲜农产品线上线下各渠道销售面临的主要问题是什么？	—
请问您所在组织是否尝试线上与线下融合的方式来销售产品？	如果有，是以什么样的模式开展的？您为什么会选择这样的模式？该模式在运行过程中存在哪些问题？您认为在未来的发展中如果要继续这样的模式需要外部什么样的保障和支持？ 如果没有，您的合作社为什么没有选择线上线下融合的方式来销售产品？
请问生鲜农产品未来的销售渠道选择意向有哪些？	—

（二）确定访谈对象

访谈对象的选择思路为：在模式上，分为线上、线下和线上线下融合模式；在经营范围上，分为蔬菜、瓜果、水产品和肉禽蛋奶；在经营水平上，以示范级合作社为主；在规模上，以中大体量的组织为主。访谈对象筛选流程如下：从上海市新型农业经营主体名单中初步筛选出 46 家，之后请相关专家进一步筛选、补充，最终确定 17 家。

（三）开展访谈调研

课题组笔者所在于 2022 年 1 月 13 日至 17 日对访谈名单上的 15 家新型农业经营主体进行走访，开展一对一深度访谈，对名单上的另外 2 家新型农业经营主体进行线上访谈，以文字形式提供相关问答。访谈时长共约 30 小时。

（四）设计调查问卷

在实地调研的基础上，通过与生鲜农产品生产销售相关的龙头企业、合作社、家庭农场、农业主管部门、农协会等单位中高层管理者进行面对面访谈，初步设计了问卷的题项。在正式调研之前，课题组成员对部分龙头企业、合作社与家庭农场的负责人进行了预调研，以及时发现问卷存在的问题。根据反馈建议，最终确定了本研究的调查问卷。其中关于线下销售情况的问卷题项设计如下：

一是新型农业经营主体线下销售概况。题项设置为"是否利用线下渠道销售生鲜农产品"；"线下销售占总销售的比例"；"线下销售主要的渠道"。选项分别设置为"是、否"；"10％以下、10％、40％～60％、60％～90％、90％以上"；"中间批发商收购，商超（大润发、家乐福、永辉、麦德龙等）对接，电商企业（盒马、叮咚、每日优鲜等）对接，大客户订单（政府、各类企业、学校），采摘，散客零售，其他"。

二是不同线下销售渠道面临的主要问题。题项设置为"中间批发商收购的主要问题"；"商超对接的主要问题"；"电商企业对接的主要问题"；"大客户订单的主要问题"；"采摘的主要问题以及散客零售的主要问题"。选项分别设置为"批发商收购价格偏低，批发商收购价格波动大，付款账期长、资金压力大，批发商收购行为不稳定，中间批发商对产品品质要求过于严苛，其他"；"商超收购价格偏低，商超收购价格波动大，配合商超促销活动时无法盈利，商超对农产品品质要求过于严苛，付款账期长、资金压力大，商超经营不善、无法回款，售后服务问题较多、耗时费力，其他"；"电商企业收购价格偏低，电商企业收购价格波动大，由于电商企业进行促销活动、导致农产品价格不统一，电商企业对农产品品质要求过于严苛、付款账期长、资金压力大，电商企业关停、无法回款，售后服务问题较多、耗时费力，其他"；"招投标流程烦琐、招投标难以公平竞争、付款账期长、资金压力大，大客户流失率较高、新大客户开发难度大、售后服务问题较多、耗时费力，其他"；"复购率低、田间农产品损耗率高、配套服务跟不上、游客破坏农田设施、其他"；"复购率低、客户群体单一、新客户获取难度大、服务成本高、其他"。

三是新型农业经营主体线下销售的行为履约与未来期望，题项设置为"收购农户产品时,当农产品市场价格比合作社合同约定价格高百分之多少的时候,农户可能会违约";"未来打算着重发展何种线下渠道"。选项分别设置为"1%～3%、3%～5%、5%～8%、8%～10%、10%以上";"批发商收购、与商超对接、与电商企业对接、大客户订单、采摘、散客零售、其他"。

四是新型农业经营主体个体和组织信息,包括受访者的性别、年龄、文化程度、从事农业生产经营年数、是否有兼业情况、资质等级差异、在组织中的岗位、所在组织获得的认证情况、组织的种植面积、经营主体2021年农产品销售收入、产品主要销售区域等。

（五）发放调查问卷

笔者所在课题组于2022年2月至3月在线上向上海市新型农业经营主体发放以"生鲜农产品销售"为主题的调查问卷。问卷主要发放对象为乡村振兴青年人才协会成员,因为协会成员在上海市各类新型农业经营主体中具有代表性。在经营模式上,覆盖线上、线下、线上线下融合三种模式;在经营范围上,覆盖蔬菜、瓜果、水产品和肉禽蛋奶四类;在主体类型上,覆盖龙头企业、合作社和家庭农场三类;在经营规模上,覆盖小、中、大不同体量的组织。问卷设置甄别项与筛选项,同时由课题组成员逐份阅读、检查,最终回收有效问卷201份。

二、新型农业经营主体线下销售渠道选择总体概况

调研发现,从总体上看,新型农业经营主体多选择线下销售渠道销售其农产品（调查占比为85.07%）。如图3-5所示,新型农业经营主体线下销售渠道集中在散客零售（占比为69.59%）,其次集中在中间批发商收购渠道（占比为51.46%）和大客户订单渠道（占比为45.61%）,通过商超对接渠道进行线下销售的新型农业经营主体占比较低（占比仅为13.45%）。

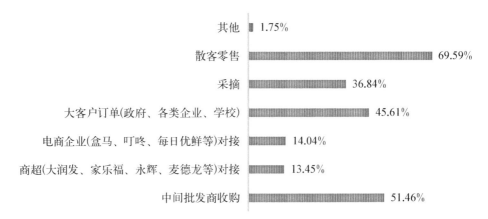

图 3 - 5　新型农业经营主体线下销售主要渠道

资料来源：笔者根据调研资料整理。

如图 3 - 6 所示，新型农业经营主体线下销售占总销售的比例在 60%～90% 的最多（占比为 27.49%）；比例在 40%～60% 和 90% 以上的相等（占比为 23.97%）；比例在 10% 以下的最少（占比为 6.43%）。

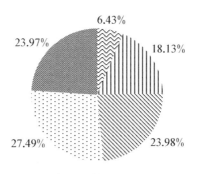

❈10% 以下　‖10%～40%　◟40%～60%　∷60%～90%　▦90%以上

图 3 - 6　新型农业经营主体线下销售占总销售比例

资料来源：笔者根据调研资料整理。

三、资质等级差异下的新型农业经营主体线下销售渠道选择

如图 3 - 7 所示，交叉分析发现，龙头企业、合作社和家庭农场线下销售生鲜农产品总体选择都为散客零售渠道，其次为中间批发商收购渠道。

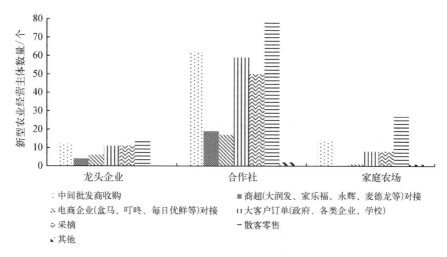

图3-7 不同级别的新型农业经营主体线下销售渠道的选择情况

资料来源：笔者根据调研资料整理。

调研发现，龙头企业发展线下散客零售渠道的主要形式是社区生鲜店。龙头企业往往拥有成熟的生鲜农产品供应链，产品标准化程度高，质量等级优秀，对于开展线下零售社区生鲜店具有先天优势。上海清美绿色食品(集团)有限公司的负责人表示，该企业通过散客零售渠道——清美鲜家社区生鲜店进行线下销售的占比达到25%，清美鲜家社区生鲜店单店销量有限，但店铺数量多，采用该渠道获得的利润可观。龙头企业生产的产品数目庞大，散客零售渠道只能吸收有限数量的优质产品，因此剩下的次级产品只能选择其他渠道进行线下销售。龙头企业之所以偏好中间批发商收购渠道是因为此渠道具有销售集中、销量大的特征，在一定程度上具有快速、集中运输，妥善储藏，加工及保鲜的优点，对于分散性和季节性较强的农产品，这种销售方式无疑是最佳选择。虽然中间批发商收购单位利润低，但龙头企业仍可以量取胜，使其获得稳定的利润收益。

合作社和家庭农场的规模以中小型居多，总体产量有限，产品标准化程度偏低，无法获得以量取胜的优势。散客零售渠道单位利润高，因此合作社和家庭农场会将产品进行分级，质优产品优先投入散客零售渠道，次级产品投入中间批发商收购等渠道。生飞家庭农场的负责人表示，同一件产品在散客零售渠道单价可以达到 80 元/件,而在其他渠道只能达到 50 元/件,但是散客零售的需求量较小,单位运营成本高,因此只能将产品进行分级,少量优质产品进入散客零售渠道,次级产品投入中间批发商收购等渠道。

四、主产业务差异下的新型农业经营主体线下销售渠道选择

交叉分析发现,生产粮食①、蔬菜、水果和其他(水产品、肉禽蛋奶及花卉等)生鲜农产品的新型农业经营主体都偏好线下销售渠道。如图 3－8 所示,生产蔬菜、水果和其他生鲜农产品的新型农业经营主体的线下销售渠道总体集中在散客零售,且比例均超过半数(占比分别为 64.29%、72.34% 和 64.29%),生产水果的新型农业经营主体对电商企业对接渠道的选择比例偏低(占比为 13.83%),生产蔬菜和其他生鲜农产品的新型农业经营主体对商超对接渠道的选择比例偏低(占比都为 14.29%)。

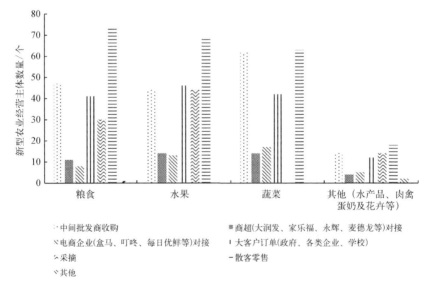

图 3－8　主产业务不同的新型农业经营主体线下销售渠道的选择情况

资料来源：笔者根据调研资料整理。

---

①　由于本书只讨论生鲜农产品(蔬菜、瓜果、水产品和肉禽蛋奶),因此后文不涉及粮食的有关分析。

经调研发现,散客零售渠道单位利润高仍是新型农业经营主体选择该渠道的主要原因。多数生产水果、蔬菜和其他生鲜农产品的新型农业经营主体表示,电商企业和商超农产品收购价格低、产品标准高、促销力度大,使得经营主体销售时利润缩减,所以选择电商企业对接和商超对接渠道的比例最低。上海国朝果蔬合作社负责人表示,由于商超压货期长、回款慢,他们的产品不供应商超,线下销售以散客零售为主。该合作社实行"3331"战略①,将30%的产品用礼盒进行包装,走精品路线,以相对高价销售给散客。

五、管理者特征差异下的新型农业经营主体线下销售渠道选择

如图3-9、图3-10和图3-11所示,不同性别、年龄和经营年限的管理者整体都将散客零售作为主要的线下销售渠道,而选择商超对接和电商企业对接渠道的占比较小。

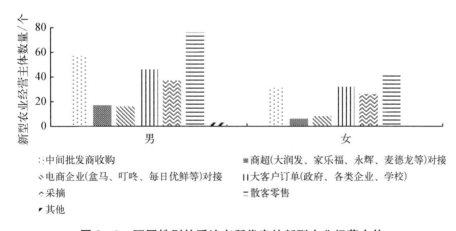

图3-9 不同性别的受访者所代表的新型农业经营主体
线下销售渠道的选择情况

资料来源:笔者根据调研资料整理。

————————————

① "3331"战略:30%用于礼盒包装,走精品路线;30%供应水果店;30%用于采摘活动;10%用于慈善公益。

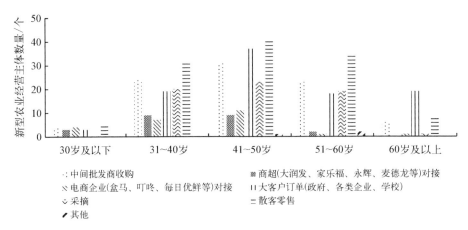

图3-10　不同年龄的受访者所代表的新型农业经营主体线下销售渠道的选择情况

资料来源：笔者根据调研资料整理。

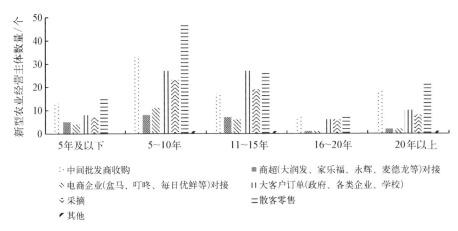

图3-11　不同从事农业生产经营年数的受访者所代表的新型
农业经营主体线下销售渠道的选择情况

资料来源：笔者根据调研资料整理。

如图3-10和图3-11所示，受访者年龄和从事农业生产经营年数的不同，对商超对接和电商企业对接等渠道的偏好也不同。年龄偏大和从事农业生产经营年数久的新型农业主体对商超对接和电商企业对接渠道偏好较低。原因可能在于年龄偏大的管理者从事农业生产经营年数久，客户资源积累多，在商超及电商企业的收购价格偏低且不稳定的情况下，一般不会选择商超对接和电商企业对接。而年龄偏小的管理者从事农业生产经营年数短,客户资源积累少,需将产品合理分配在不同渠道进行销售才能实现多渠道增收。上海桃咏桃业专业合作社的负责人表示,该合作社自2005年成立以来,积攒了相当数量的客户资源,线下散客零售基本不愁销路。由于商超和电商企业压价,且促销价格低,因此该合作社多不选择商超对接或电商企业对接渠道。

如图3-12所示,随着管理者文化程度的升高,对商超对接和电商企业对接渠道的偏好程度也在升高,原因可能在于文化程度高的管理者善于根据渠道和产品的特点,将产品分配在不同渠道销售。

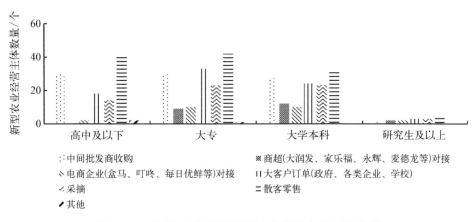

图3-12 不同文化程度的受访者所代表的新型农业
经营主体线下销售渠道的选择情况

资料来源:笔者根据调研资料整理。

六、认证与盈利水平差异下的新型农业经营主体线下销售渠道选择

调研发现,不同产品认证情况和盈利水平的新型农业经营主体线下渠道选择多集中在散客零售,而对商超对接和电商企业对接渠道的偏好较低。

如图3-13所示,从产品认证情况看,对于生产无公害产品和没有获得认证的产品的新型农业经营主体,选择散客零售作为线下销售渠道的占比最高(占比分别为62.5%和68.75%),其次是中间批发商收购渠道

（占比分别为 58.33％和 50％）和大客户订单渠道（占比分别为 44.44％和
28.12％）。对于生产绿色产品和国家地理标志农产品的新型农业经营主
体，选择散客零售作为线下销售渠道的占比最高（占比分别为 73.33％和
79.17％），其次是大客户订单渠道（占比分别为 53.33％和 79.17％）。对于
生产有机食品的新型农业经营主体，选择散客零售作为线下销售渠道的
占比最高（占比为 60％）。

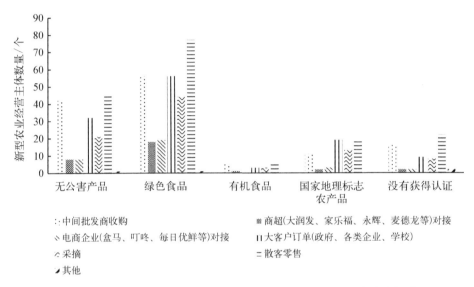

图 3-13　不同认证情况的新型农业经营主体线下销售渠道的选择情况
资料来源：笔者根据调研资料整理。

　　调研发现：第一，不同产品认证情况的新型农业经营主体线下销售渠
道均是散客零售，主要原因在于此渠道的单位利润较高。第二，生产绿色
食品和国家地理标志农产品的新型农业经营主体选择大客户订单渠道的
总体占比高于无公害产品。原因之一在于大客户对产品质量要求较高，
符合标准的产品才能进行招投标。绿色食品和国家地理标志农产品的认
证层次均较高，而当今无公害产品已成为行业基本要求，认证层次较低。
第三，有机食品的成本最高、单价最高、体量偏小，其数量不足以供应大客
户订单，新型农业经营主体因此多会选择散客零售渠道和单位收购利润
较高的中间批发商收购渠道。

如图 3-14 所示,从盈利水平来看,规模小、盈利水平低的新型农业经营主体更加偏好散客零售渠道,规模大、盈利水平高的新型农业经营主体更加偏好散客零售和大客户订单渠道。

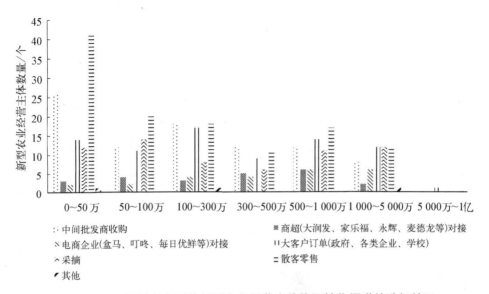

图 3-14　不同盈利水平的新型农业经营主体线下销售渠道的选择情况
资料来源:笔者根据调研资料整理。

农产品销售收入在 0~50 万元之间的新型农业经营主体超过半数都偏好选择散客零售和中间批发商收购渠道进行线下销售(占比分别为80.39% 和 50.98%);农产品销售收入在 1 000 万~5 000 万元之间的新型农业经营主体超过半数都偏好选择散客零售、大客户订单和采摘渠道进行线下销售(占比均为 66.67%)。调研发现,农产品销售收入偏低的新型农业经营主体规模偏小且通常产品标准化程度低,往往没有足够的能力参与标准高、流程烦琐的招投标活动。相反,农产品销售收入偏高的新型农业经营主体规模较大,产品标准化程度高,有足够能力参与招投标活动。比如,上海子乔家庭农场经营农地 30 亩,虽然小规模的生产数量不足以满足大客户订单的需求,但其 10 余年的经营已累积了大量的客户资源,通过散客零售渠道足以将产品销空。而上海山臻果蔬专业合作社经营农地 4 000 多亩,规模大、产量高、盈利水平高,有能力承包大客户订单,因此其线下主要的销售渠道就包括了大客户订单与生鲜电商企业。

第三节　生鲜农产品线下销售的
主要问题及原因分析

一、收益波动与规模不足致新型农业经营主体不愿选择批发市场

多数新型农业经营主体未将批发市场作为线下销售渠道的第一选择（占比为 51.46%）。究其原因，主要是收益波动和规模不足。

（一）收益波动

收益波动指新型农业经营主体认为批发商收购渠道的预期收益不稳定，不足以支付种植及管理成本。如图 3-15 所示，存在收益波动的原因主要有：批发商收购价格偏低（占比为 75%）；批发商收购价格波动大、收购行为不稳定，收购价格、收购行为随天气、产量、品质、需求等因素变化。另外，批发商付款账期长、资金压力大（占比为 36.36%），也是可能造成新型农业经营主体收益波动的原因之一。

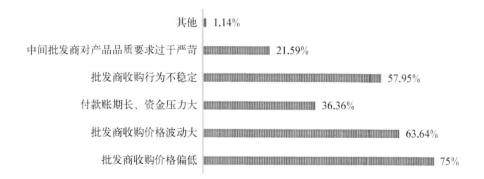

其他 1.14%

中间批发商对产品品质要求过于严苛 21.59%

批发商收购行为不稳定 57.95%

付款账期长、资金压力大 36.36%

批发商收购价格波动大 63.64%

批发商收购价格偏低 75%

图 3-15　中间批发商收购的主要问题

资料来源：笔者根据调研资料整理。

（二）规模不足

上海市新型农业经营主体往往走的是"小而精"的生产路线，规模小、生产数量少，很难满足中间批发商的批量收购需求。对于上海的批发商来说，他们更倾向于批发成本更低、体量更大的外地农业大省的生鲜农产品。对于新型农业经营主体来说，选择其他单位价格更高的零售渠道能获得较高利润，因此一般不会将批发市场作为线下销售渠道的第一选择。

二、超市电商谈判地位强势致新型农业经营主体合作意愿减退

在线下销售渠道选择上，多数新型农业经营主体与超市、电商企业的合作意愿不高（占比分别为 13.45％和 14.04％），究其原因，主要是超市和电商企业谈判地位强势。从调研结果可以看出，超市和电商企业谈判地位强势主要表现在产品价格、货款账期、标准规则三个方面。

（一）产品价格

超市和电商企业一般都具有一定的市场规模和销售量，在交易中话语权重，在价格决定上占据主导地位。如图 3－16 和图 3－17 所示，多数新型农业经营主体表示超市和电商企业收购价格偏低（占比分别为69.57％和 62.50％）、收购价格波动大（占比分别为 47.83％和 37.50％）。另外，新型农业经营主体也表示超市和电商企业做促销活动会导致产品售价波动大（占比分别为 56.52％和 45.83％）。比如，南汇 8424 西瓜合同定价为 89.9 元/个，合作社的售价 89 元/个，但盒马鲜生、叮咚买菜的活动售价为 69.9 元/个，有时促销价甚至达到 59 元/个，严重压缩了新型农业经营主体的利润空间。

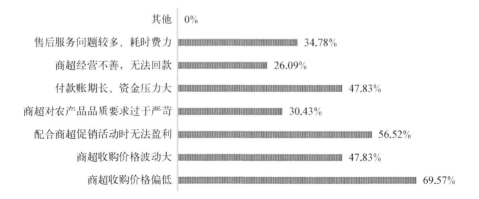

图 3-16　商超对接的主要问题

资料来源：笔者根据调研资料整理。

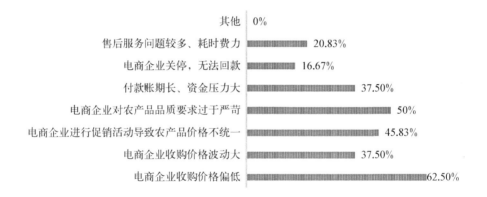

图 3-17　电商企业对接的主要问题

资料来源：笔者根据调研资料整理。

（二）货款账期

如图 3-16 和图 3-17 所示，多数新型农业经营主体表示超市和电商企业的付款账期过长（占比分别为 47.83% 和 37.50%）。且超市和电商企业货款结算一般采用银行结算支付方式，有固定转款周期，新型农业经营主体通常需要两三个月才能收到货款，加大了其资金压力，中小型新型农业经营主体普遍难以接受。此外，还有超市和电商企业以转账方式结算，而部分新型农业经营主体习惯以现金方式结算，因此其与超市、电商企业的合作积极性也会受到影响。

（三）标准规则

首先，超市和电商企业对接渠道的准入门槛较高，要求新型农业经营主体具备相应的生产规模、产品质量、资质等级等。而大部分新型农业经营主体的农产品生产尚未标准化。如图 3-16 和图 3-17 所示，很多新型农业经营主体表示超市和电商企业对收购的生鲜农产品品质要求过于严苛（占比分别为 30.43％和 50％），如产品重量相差 0.5 克以上即视为不合格。其次，新型农业经营主体入驻超市和电商企业市场的费用较高。在组织程度相对较差、预期收益不可有效估算的情况下，新型农业经营主体承担高昂进场费用的能力和意愿均有限。

三、招投标问题致新大客户开发存在困难

在线下销售渠道选择上，新型农业经营主体并未将大客户订单渠道作为其第一选择（占比为 45.61％）。究其原因，如图 3-18 所示，主要是新大客户开发难度大（占比为 77.92％），付款账期长、资金压力大（占比为 48.05％），售后问题较多、耗时费力（占比为 29.87％）。需要招投标是新大客户开发困难的一个重要原因，具体有三个主要表现：招投标流程烦琐（占比 27.27％），招投标难以公平竞争（占比 28.57％），招投标资质要求高。

第一，大部分新型农业经营主体组织化程度不高，对于招投标流程不熟悉。比如，调研中某企业负责人称仅准备的招投标的前期资料就达到了半个人的高度，且申报过程费时费力，业务流程烦琐。

第二，公共信息披露不充分、招投标单位内部监管不力等都会导致招投标过程不公开、不透明，影响招投标竞争的公平性。

第三，招投标入场门槛较高，只有相应资质等级的新型农业经营主体才能参与招投标。而对于缺乏资质的小型新型农业经营主体而言，很难拿到入场资格。

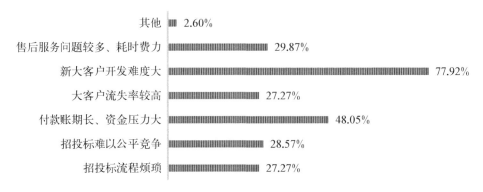

图 3-18   大客户订单的主要问题

资料来源：笔者根据调研资料整理。

四、客户关系管理不善致零售客户维护及开发后劲不足

在线下销售渠道选择上，散客零售渠道是新型农业经营主体的第一选择。但散客零售渠道也面临一些困难，如图 3-19 所示，主要是客户关系管理存在难度，主要表现在两个方面：老客户维护力度不足和新客户获取难度大。

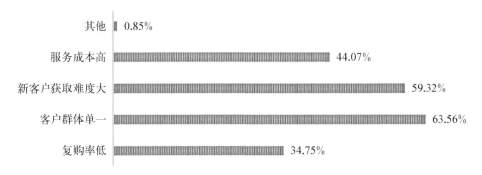

图 3-19   散客零售的主要问题

资料来源：笔者根据调研资料整理。

（一）老客户维护力度不足

原因主要是新型农业经营主体未进行客户关系管理致使客户流失：

一方面经营主体未根据购买信息对客户进行分类登记、维护回访,售后服务质量不佳,造成老客户流失;另一方面零售客户需求多样化,线下门店往往难以满足客户需求,且新型农业经营主体表示零售客户的服务成本较高(占比为44.07%),线下客流量不集中,门店员工常需要对同类问题反复解答,由此又会造成客户体验感欠佳,复购率低(占比为37.45%)。

(二)新客户获取难度大

新型农业经营主体表示在散客零售渠道较难开发新客户资源(占比为59.32%)。一方面,农产品开发单一、同质化严重,很难吸引新的客户,有新型农业经营主体表示"零售客户群体单一"(占比63.56%),产品销售主要只能依靠亲朋好友和老客户的回购。另一方面,一些专业合作社和专卖店地理位置不佳,辐射效应有限,既无法满足顾客对线下购物的便捷性需求,也无法凭借品牌效应招揽新客户。

五、政策支持不够与体验营销管理能力有限致线下体验消费发展受阻

在线下销售渠道选择上,多数新型农业经营主体表现出发展采摘渠道的意愿较弱(占比为36.86%)。究其原因,主要是政策配套不够完善和管理水平欠佳。

(一)政策配套不够完善

如图3-20所示,部分新型农业经营主体表示配套服务跟不上(占比为79.37%),造成采摘的附加值和体验感低。采摘园一般远离市区,顾客停留时间长,餐饮、休憩、游乐、停车的需求旺盛。然而,都市休闲农业发展的建设用地政策配套不够完善,新型农业经营主体无法将采摘模式作为主营业务。调研中,部分新型农业经营主体表示,他们虽有建设配套服务设施的意愿,但得不到政府的政策支持,建设餐饮、制作中心等设施的

申报审批资格流程复杂。因此，采摘往往沦为"一次性消费"，顾客体验感差、回头率低、复购率低，无法成为发展的动力源泉。

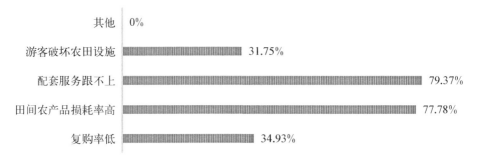

图 3 - 20　采摘的主要问题

资料来源：笔者根据调研资料整理。

（二）管理水平欠佳

一方面，政府和社会媒体面向消费者的宣教力度不够，未能很好地培养消费者在这方面的消费习惯。如图 3 - 20 所示，调研中多数新型农业经营主体表示，消费者采摘造成田间农产品损耗率高、浪费问题严重（占比为 77.78％）。另一方面，采摘园的管理制度不健全或工作人员执行不彻底，对于游客破坏农田设施的问题（占比为 31.75％），没有实行严格的惩戒措施。

第四节　生鲜农产品线下销售发展的对策建议

一、以现代农业技术助推生鲜农产品增量提质，促进线下销售

为发展生鲜农产品线下销售渠道，促进新型农业经营主体增收，需要在种源研发、种植管理、产品分级上共同发力，以现代农业技术助推生鲜

农产品增量提质,促进线下销售。

（一）种源研发

在种源研发上,迫切需要寻找品质优且成熟期可错开的品种。比如,上海市特色果品"南汇水蜜桃"中的主要品种"新凤蜜露""湖景蜜露""大团蜜露",果实成熟上市时间均集中在每年7月中旬,导致当地新型农业经营主体的销售压力较大。因此,迫切需要寻找品质优且成熟期可错开的水蜜桃品种进行种植。可由政府部门牵头,组建生鲜农产品种源研究所,借助农科院、相关高校及其他研究机构的专家资源,各主体紧密合作,不断引进和改良生鲜农产品的品种。

（二）种植管理

在种植管理上,亟须改善生鲜农产品种植管理过程,形成以精准、绿色、高产为核心的现代化农业。合理的种植管理措施是提升生鲜农产品质量与产量的基础。相较于上海市农业高质量发展要求,新型农业经营主体的种植管理仍存在分散粗放的现象。新型农业经营主体应尽可能对种植户实施统一的农资供应、技术指导和培训服务等,同时还应加强种植过程中数字化、物联网技术的应用,为上海生鲜农产品种植管理的优化创新提供技术支持。

（三）产品分级

在产品分级上,加强产品分级,差异化发展生鲜农产品线下销售渠道。生鲜农产品生产过程难以控制,受气候、温度等自然条件及种植技术的影响大,导致同类产品品质存在较大差异。标准化分级不仅可以满足不同层次的消费需求,还有利于创造质量价格对等的质优价优市场环境,形成更加精准的价格信息,有效传递质量等级信号,缓解买卖双方之间的信息不对称问题。此外,可利用先进的分拣设备测定生鲜农产品等级,并基于产品分级细分市场,制定销售价格,选择不同的销售渠道:对精品特色生鲜农产品，以礼盒包装、衍生产品等形式提升其附加值，以大客户采购、精品超市为主要销售渠道；对中高级特色生鲜农产品，依据产品大小及品质进行定价，以大众消费者、生鲜电商、大型超市为主要销售渠道；对中等偏低等级、生产体量庞大的生鲜农产品，以中间批发市场为主要销售渠道或作为深加工产品的原料。

二、以协会为媒、政府为介，维护生鲜农产品交易市场公平

为促进生鲜农产品线下销售发展，行业协会等社会组织要发挥调解纠纷、维护交易市场公平，以及开拓市场、扩大生鲜农产品品牌效应的作用；政府要提供法律保障、政策引导和支持。

（一）协会为媒

首先，行业协会可根据生鲜农产品的质量等级统筹协调产品价格，以避免行业间的恶性竞争；同时开展纠纷调解等服务，并惩治和驱逐有不良行为的会员，以维护行规和公平有序的竞争秩序。其次，行业协会应把重点放在提供非营利性的优质服务上。协会通过传递信息、传授技术、种源开发、技术推广、开展培训等，以守好生鲜农产品的质量关口；通过统一的产品包装、营销宣传，举办展览、文化节等活动，提高产品曝光率和知名度，进一步开拓市场，帮助新型农业经营主体解决销售难题。

（二）政府为介

要规范生鲜农产品市场投资主体资格和市场交易行为，为生鲜农产品销售提供法律保障和支持。市场上卖方制定不公正条款、拖欠货款、滥用优势地位等行为损害了新型农业经营主体的利益，破坏了交易公平，需要政府发挥应有功能。

首先，政府需要出台并完善有关生鲜农产品流通交易的法律法规，对不公平交易进行适当的行政干预。对交易主体的违约行为，给予足够的

惩罚并公开其违约行为,增加其违约成本;对不称职的监管人员,给予相应的惩罚,保证监管执法到位。

其次,政府要出台适当的政策,拓宽生鲜农产品助农销售渠道及鼓励地产地销,搭建生鲜农产品市场供销信息服务网络,建设农业官方宣传平台,以提高新型农业经营主体运销能力、信息获取能力、营销宣传能力以及市场谈判能力。

三、建立客户关系管理制度,助力维持并挖掘大客户

为促进生鲜农产品线下销售渠道的发展,需要通过建立客户关系管理制度以维系老客户;通过简化招投标流程,提高招投标工作的透明度和挖掘产品新意并形成品牌效应以开发新大客户。

（一）维系老客户

为了维系老客户,新型农业经营主体应建立客户关系管理制度。客户关系管理是通过对客户详细资料的深入分析,来提高客户的满意程度,从而提高企业竞争力的一种手段。良好的客户管理可以提高客户忠诚度,最终实现业务效益的提高和利润的增长。经营主体可以依据客户购买频率、品类、数量、价格偏好等特色交易信息建立客户档案,根据客户生命周期持续对不同阶段的顾客进行追踪,注重售后服务,定期与老客户保持联络。

（二）拓展大客户

提高大客户拓展能力。大客户又被称为重点客户、关键客户、优质客户等,具有范围大、对卖方利润贡献大、对卖方营销战略影响大等特征。大客户是新型农业经营主体的重要资产,发展大客户能稳定订单来源,提高市场占有率。

一方面,新型农业经营主体应掌握招投标知识,熟悉招投标流程,能

对自身资质进行客观评估，制订出周密的投标计划。招标单位要按照规定对招标信息进行公示公开。相关监督部门要切实履行监管责任，对招标程序、质量工期和合同金额等做好监督，并通过谈话提醒遏制违纪违法问题的产生，对于已发生的违法违纪行为给予问责，以提高招投标工作的透明度。

另一方面，新型农业经营主体要从产品形象、宣传营销等方面来挖掘新意，形成生鲜农产品的品牌效应以吸引新客户。如可以根据区域公用品牌和自有品牌的价值主张来设计产品形象和符号标志；主动参加全国各地举办的生鲜农产品展销会和推介会，利用文化节、旅游节和美食节等活动大力宣传产品品牌。

四、加强政策试点与新型农业经营主体管理技能培训，促进休闲农业发展

为促进生鲜农产品线下销售的发展，可将采摘经济和休闲农业有机结合，打造采摘园的差异化竞争优势，做好采摘园的内部规划与统一整合，并加强新型农业经营主体管理能力培训。

（一）打造采摘园差异化竞争优势

乡村采摘拉近了市民与乡村的距离，成为乡村旅游的热点项目。但采摘经济季节性强，采摘园面临经营模式单一、产品同质化等问题，往往使采摘沦为"一次性消费"，采摘业务如何形成差异化竞争优势亟须思考。一方面，可调整、优化四季种植规划，延长采摘期；另一方面，可根据地理环境、文化等要素打造采摘特色，比如水蜜桃采摘可设计多品种桃花赏鉴、果品采摘、果实品鉴、果树认养等系列活动，形成独特竞争优势。

（二）完善采摘园的制度设计与业务规划

上海市采摘经济仍处于起步阶段，大多数采摘园存在活动单一、配套

休闲服务脱节、运营资质认定难、申报审批复杂等问题。一方面,需要政府主导休闲农业发展规划的制定,形成制度设计,引导采摘经济与休闲农旅发展,落实休闲农业发展相关资质认定,盘活农业生产与农业文化资源。另一方面,经营主体在符合政策的前提下,进一步完善农园内的业务规划与运营细节,完善配套服务,提升客户满意度。

（三）加强新型农业经营主体管理能力培训

采摘经济赋能休闲农业发展需要专业化的休闲农业经营主体。开展培训可以加快培养专业休闲农业生产经营者队伍,帮助新型农业经营主体明确休闲农业的政策导向、产业方向、投资导向,拓宽新型农业经营主体的发展思路,提升新型农业经营主体的经营管理能力。具体培训内容可以包括休闲农业整体规划安排、创意体验活动设计、品牌建设管理和营销宣传造势等方面。

第五节　上海市新型农业经营主体线下销售典型案例

一、上海红刚青扁豆生产专业合作社传统线下销售模式

（一）合作社基本概况

上海红刚青扁豆生产专业合作社成立于 2004 年 8 月,是一家致力于青扁豆产购销研教一体化的农民专业合作社,目前也是全国最大的青扁豆规模化生产基地。在国家乡村振兴战略和地方政府的大力支持下,合作社以党建引领生产,实行"合作社＋公司＋基地＋农户"模式,有效整合了农业产业链"产—供—销"各个环节,建立起了统一种植生产、统一培训指导、统一农资配送、统一收购包装、统一品牌销售的经营体系,坚持对种

植户实施"三导策略"（即产前引导、产中辅导、产后疏导），确保了农民利益的最大化。红刚青扁豆生产专业合作社辐射了周边 7 个镇，共有 7 000 多家农户加入①。2010—2019 年，累计种植面积达 18.56 万亩次，总产值达 28.93 亿元②。2020 年，合作社的青扁豆总种植面积达 9 000 亩次左右，青扁豆总产量超过 1.6 万吨，总产值超过 1.9 亿元③。早在 2011 年，合作社的青扁豆在华东地区市场占有率就已达 70%，在上海的市场占有率达 97%。

（二）合作社线下销售渠道

合作社的线下销售渠道以批发市场为主，销售的主要产品是青扁豆以及其他农产品，如水稻（南粳 46 大米、黑米）、草莓、小番茄、水果黄瓜、豌豆、红菜薹、梨等。其主产品青扁豆的主要线下销售渠道是中间批发商收购，其他产品由于产量不高，线下销售渠道以散客零售、采摘为主。合作社的另一线下销售渠道是政府主办的农产品展销会，通过这一销售渠道与终端消费者或大客户（采购商）相连接，主要目的是推介合作社农产品、宣传合作社品牌，在获取展会订单的同时，也能促进大客户与散客的重复购买，提升合作社产品与品牌的知名度。

（三）合作社发展动因

合作社通过种源研发、技术改良、质量管控提升产品品质，通过结算方式创新、品牌建设营造独特发展优势。

---

① 上海市气象局.气候中心赴上海红刚青扁豆生产专业合作社调研[EB/OL]. (2021 - 11 - 15)[2023 - 07 - 30]. http://sh.cma.gov.cn/sh/qxkp/qhbh/gzjz/202111/t20211115_4244684.html.

② 王黎娜.小小扁豆大梦想乡村振兴有奔头[N/OL].东方城乡报,（2020 - 09 - 15）[2023 - 07 - 30]. http://www.dfcxb.com/html/2020-09/15/content_48282_12381553.htm.

③ 陈烁.把最美芳华献给青扁豆事业：记上海红刚青扁豆生产专业合作社总经理王黎娜[N/OL].浦东时报,（2021 - 03 - 10）[2023 - 07 - 30].http://www.pdtimes.com.cn/html/2021-03/10/content_1209_13109879.htm.

1. 种源研发

早期病虫害严重、口感欠佳、果形不一、颜色不均等问题导致了青扁豆品质下降。合作社与上海交通大学及上海农科院合作，"南繁"选择温暖的海南岛进行实验以避免季节性的影响，"北繁"选择气温较低的黑龙江进行实验以提升性状的稳定性，通过八年的杂交配比，研发出防病虫害强、高产量、口感软糯的青扁豆品种。最后，在合作社基地实验性种植经过品种研发改良的青扁豆，基地种植成功后再向周围农户进行推广，降低种植风险。

2. 技术改良

其一，在种植技术方面，早期单一种类种植的土地利用率低、经济效益低。合作社积极探索农产品轮作、套种、搭配方式：通过水稻与青扁豆轮作改良了土壤；通过套种青扁豆与草莓、小番茄、水果黄瓜、豌豆等，提高了土地利用率；通过搭配种植经济属性高的红菜薹提高了效益。

其二，在病虫防治技术方面，早期农户在虫害发生后才打药治理不仅治虫效果差，还易造成农残超标。合作社鼓励在花期防治，更新材料（比如防虫小黄板）并提升一体化喷施技术，做到预防为主、治疗为辅。

3. 质量管控

一方面，在种植端加强对农户的管理及教育。首先对农户进行统一管理，包括统一供种、统一购买农资、统一培训、统一指导、统一收购、统一包装、统一销售等。其次抓种植大户，对示范引领性强的农民进行培训，从而达到以一带百的目的。最后，合作社对符合品质要求的农户的青扁豆实行统一收购，产品贴上"红刚牌"标签统一销售，对农户则实行产品质量"一票否决"制度。比如，在所收购的农户青扁豆中，只要发现一次抽检不合格，该农户从此将被取消收购资格，以让所有农户从意识上、行动上重视，严格落实相关管理制度以确保青扁豆的品质。

另一方面，在销售端加强对批发商及销售商的管理控制。对于批发商反馈的产品品质问题，合作社会及时进行调整并给予账期退让补偿；对于销售商反馈的产品品质问题，合作社会对问题产品进行退款处理。

4. 结算方式创新

引进银行结算方法，合作社内成立"农产品结算中心"，对于农户的收购货款一天一结，农民只需凭便民收购点开出的单据到结算中心就可领取货款现金。一方面压缩了货款账期，由合作社承担财务成本，最大限度地保障了农户收益；另一方面超短账期也减少了农户因市场收购价波动而违约将产品卖给他人的情况，稳定了合作社的货源。

5. 合作社品牌建设

首先，围绕品牌识别，明晰产品定位。设计合作社的品牌商标，以标准化的产品在市场上建立消费者的认同感与信任感。其次，进行品牌宣传，扩大知名度。搭乘扁豆节东风，开展赏扁豆花、摘扁豆果、尝扁豆饭、观扁豆舞、唱扁豆歌等系列活动，并借助农业的天然优势，利用政府平台和媒体推介扁豆产品。最后，做好品牌延伸，打造品牌文化。合作社在加强党建过程中营造坚韧、向上、务实、奉献的"扁豆精神"，以扁豆文化带动农产品销售。

（四）合作社发展面临的问题

合作社发展面临的问题包括内部和外部两方面。

1. 内部问题

合作社发展面临的内部问题主要体现在种源研发、种植管理、品质控制、资金结算等方面。第一，在种源研发方面，病虫害仍是挑战。青扁豆传染病发病迅速，传染性高，确诊难度大。抗病虫害强的种源尚未研究出来，科研工作仍处于积累、实验阶段。第二，在种植管理方面，教育培训农民难。合作社致力于对农户进行统一管理与教育，但仍存在农民接受教育培训的主观意愿不强、因文化程度低而听不懂理论知识、新技术不会运用等问题。第三，在品质控制方面，青扁豆高品质平稳度维持难。青扁豆分拣缺乏专业检测设备，分拣依赖人工，人员工作量大，品质分拣的精确度不高。第四，在资金结算方面，数字化衔接难。未来市场交易数字化是大势所趋，而合作社资金结算仍采用现金模式，这与数字化趋势难免相悖。

2. 外部问题

合作社发展面临的外部问题主要有竞争优势维持难与消费者维护难两方面。第一，产品外部市场竞争激烈，现有竞争优势维持难。虽然合作社的青扁豆在华东市场早已达到70%的占有率，但山东、吉林等农业大省质优价廉的农产品竞争力仍然强势。第二，消费者需求多样，客户维护难。首先合作社主产品生产单一，但消费者需求不单一集中在扁豆品类；其次合作社及时把握多变的消费需求存在困难，消费端需求变化传导到合作社生产端以及生产端调整反馈到消费端存在时间差，易发生生产与消费出现偏差，由此导致消费群体流失现象。

（五）合作社的发展需求与未来发展战略

1. 发展需求

在发展需求上，合作社的需求集中在农残检测设备与品质分拣设备上。首先是农残的检测耗时久，合作社期望通过政府支持引进高效的农残检测设备，提高检测效率，降低食品安全风险。其次是青扁豆分拣依赖人工，精确度不高，期望通过政府支持引进先进分拣设备，提高分拣效率。

2. 未来发展战略

在未来发展战略上，一方面，在产业布局方面，相关负责人表示要进行产业的更新升级，做到员工队伍年轻化、设备设施智能化、产品等级标准化。首先，实施人才战略，为青扁豆产业发展提供人力资源保障。比如，通过政府的"三支一扶"项目，引进"三支一扶"大学生，同时积极为在校大学生、初高中生等提供暑期社会实践机会。其次，要引进智能化设施设备，实现自动化安置遮阳网、卷膜、浇水及数据采集处理，通过人才与设备的结合最终实现产品生产的标准化。

另一方面，在发展道路上，要走多产融合的道路，积极拓展第三产业。合作社目前正致力于发展好第一产业，以青扁豆种植销售作为主营业务。同时，积极拓展第二产业农产品加工与第三产业休闲农业、亲子旅游、乡村旅游的发展方式，以延长青扁豆产业链，提升青扁豆价值链。

二、"清美鲜家"社区生鲜店线下销售模式

（一）"清美鲜家"基本概况

"清美鲜家"社区生鲜店背靠上海清美绿色食品（集团）有限公司，该公司以豆制品起家，在上海已经发展了 20 多年，专注于打造生鲜健康食品从研发、种植、生产到销售的全产业链。清美鲜家的前身是在 2020 年 2 月份上线的"清美新鲜到家"平台，后来升级为以"店＋仓"模式运营的线上线下一体化门店。清美鲜家定位于居民小区周边 500 米生活圈，为周边 5 000 户居民提供饮食和生活服务。其门店面积在 120 平方米以上，有接近 5 000 个最小存货单位（SKU）①，生鲜占比达 70%。而在生鲜品类中，又有 90% 左右的商品为清美集团自产自销。因此，清美鲜家是供应链驱动，先有后台基础、再做前台运营的社区生鲜品牌。至 2023 年底，清美鲜家生鲜便利店在上海已有 850 家门店。

（二）"清美鲜家"销售情况

在品类上，清美鲜家门店销售品类主要有豆制品、烘焙类、乳制品、鲜肉、水产类、包装蔬菜水果，以及粮油调味和日用品等。每家清美鲜家社区生鲜店内分为不同的区域，有海鲜区、鲜肉区、熟食区、点心区等，可以满足大部分消费者的日常生活需求。

在价格上，清美鲜家在常规定价时一般低于周边卖场 20% 左右。例如，上海地区袋装豆浆通常售价 1.8 元 1 包，清美鲜家的售价是 3.9 元 3 包。同时，清美鲜家还会有每日品类打折和晚间打折等拉动销售的促销活动。比如，从周一到周日，清美鲜家会依次对蔬菜水果、调味品酒类、熟食烘焙半成品菜、米面制品、盒装肉类等品类给出 7 折到 8.5 折左右的折

---

① SKU：最小存货单位，全称为 stock keeping unit，即库存进出计量的基本单元，可以是以件、盒、托盘等为单位。

扣力度①。

在顾客评价上，清美鲜家产品销售的特点主要是价格实惠、新鲜品质好、方便快捷。比如，在大众点评平台，消费者对清美鲜家的感受主要集中在"折扣力度大""品质好""新鲜""方便""品种丰富"等关键词上。

(三)"清美鲜家"发展动因

清美鲜家依靠政府的政策制度、集团供应链、自有品牌客群基础、居民消费习惯转变四个方面的优势在上海社区生鲜店的竞争中脱颖而出。

一是政府的政策制度。在1988年我国副食品供应偏紧，农业部提出建设"菜篮子工程"②的背景下，清美食品成为上海市"菜篮子工程"和"早餐工程"的重要合作伙伴。从2018年开始，为满足居民的鲜食需求，清美集团借助上海市政策优势，大范围铺开社区生鲜店，清美鲜家由此起家并发展起来。

二是集团供应链。清美鲜家背靠清美集团，门店大部分产品都是清美集团自制的，使得清美鲜家能够掌握多个品类供应链资源以支持其价格和品质竞争。一方面，在获取规模优势的基础上使相关品类零售价低于市场价格，从价格这一核心卖点出发吸引顾客。另一方面，完备的供应链保障了生鲜食品的新鲜度、口感等需求，以品质这一核心卖点吸引顾客。

三是自有品牌客群基础。清美鲜家销售的豆浆、豆腐等加工品，均为上海地区具有一定认知度的清美自有品牌，基于清美在上海的口碑效应，

---

① 张思遥.2022年计划开店500家，清美鲜家的上海生鲜之争[EB/OL].(2022-02-14)[2023-07-30].https://mp.weixin.qq.com/s/dyEfxV0q6ubyABa_0QHKFA.

② "菜篮子工程"：为缓解我国副食品供应偏紧的矛盾，农业部（现为农业农村部）于1988年提出建设"菜篮子工程"。一期工程建立了中央和地方的肉、蛋、奶、水产和蔬菜生产基地及良种繁育、饲料加工等服务体系，以保证居民一年四季都有新鲜蔬菜吃。截至20世纪90年代中期，"菜篮子工程"重点解决了市场供应短缺问题。"菜篮子"产品持续快速增长，从根本上扭转了我国副食品供应长期短缺的局面。除奶类和水果外，其余"菜篮子"产品的人均占有量均已达到或超过世界人均水平。

清美鲜家在本地人群中具有情感认同基础。因此，相比其他社区生鲜店，清美鲜家具备一定的客群基础。

四是居民消费习惯的转变。清美鲜家的发展与新冠疫情影响下居民消费习惯的转变息息相关。根据商务部流通产业促进中心的数据，疫情前，人们购买生鲜农产品的主要渠道依次是农贸超市、综合超市和生鲜超市；疫情后，依次是综合超市、生鲜超市和社区生鲜店，且提及社区生鲜店的被调查者的比例从 21.8% 增加到 41.0%，增幅在所有渠道中最大①。社区生鲜店的发展形势向好。另一方面，当代消费者出于时间、精力、心理等因素的考量，购买偏好更集中于高效便捷、省时省力的渠道。

（四）"清美鲜家"发展面临的问题

第一，社区生鲜店市场同质化严重，清美鲜家不断丧失竞争力。不断加入市场的生鲜店（如海亮集团下的明康汇生鲜菜市、联华社区生鲜店等）更使得市场竞争加剧，清美鲜家亟须思考如何在激烈的竞争中脱颖而出。

第二，门店服务质量难以保证，客源容易流失。大众点评的消费者评级显示，低分主要来源于门店店员不达标的服务质量，有消费者表示因店员"态度恶劣""不耐烦"，故不会"不会回购"，造成顾客流失。

（五）"清美鲜家"未来发展战略

一方面，转变发展战略，放缓扩张速度。清美鲜家在 2019 年为了实现快速扩张，开放过社会加盟模式，出现了集团对加盟店管理不到位，造成店铺持续亏损问题。为避免此类问题再次发生，改员工合伙、社会加盟为全直营模式，减缓了清美鲜家的扩张速度。清美集团规划在 2024 年销

---

① 任翀.拿出满足市场需求的特色商品，不烧钱依然积累起固定消费群体"农"字头社区生鲜店沪上遍地开花［N/OL］.解放日报，（2021-01-04）［2023-07-30］. https://www.jfdaily.com/staticsg/res/html/journal/detail.html? date = 2021-01-04&id=306588&page=02.

售突破 100 亿元,2035 年集团总销售额目标达 1 000 亿元。

　　另一方面,突破地区局限,开拓江浙市场。上海是长三角地区的先锋标,拿下上海市场证明清美鲜家模式行得通,未来可突破地区限制,进行全国性的扩张。清美鲜家未来发展将不限于上海地区,致力开拓江浙地区市场,拟在江浙乃至全国打响清美鲜家的品牌。

第四章
都市新型农业主体线上销售

互联网技术的发展、数字经济的兴起与生鲜物流网络建设的完善等,均助力于我国生鲜农产品线上销售的发展。我国传统生鲜农产品线下销售渠道面临着批发市场基础设施不完善、休闲农业用地限制、产销对接不畅等问题,因此生鲜农产品线上销售渠道不可或缺。本篇将从以下几个方面介绍生鲜农产品线上销售渠道:我国生鲜农产品线上销售发展概况,上海市新型农业经营主体线上销售现状与典型案例,上海市新型农业经营主体发展面临的主要问题,并就生鲜农产品线上销售渠道的未来发展提供针对性的对策建议。

第一节　生鲜农产品线上销售发展概况

一、生鲜农产品线上销售触发动因

（一）数字经济蓬勃发展

互联网服务广大网民,庞大的网民也构成了巨大的消费市场。如图4-1所示,截至2022年12月,我国网民规模高达近10.67亿,较上年同期增长3 549万,互联网普及率高达75.6%,较上年上升了2.6%。网民规模的不断扩大与互联网普及率的不断提高,使互联网可以深入居民生活的各个角落,有利于居民更好地进行线上消费。

图 4-1　我国网民规模和互联网普及率

资料来源：中国互联网络信息中心《第 49 次中国互联网络发展状况统计报告》。

网络购物用户规模不断扩大，网络零售额不断增长。网络购物作为数字经济时代的典型代表，既是数字技术和实体经济深度融合的具体产物，也是持续催生新产业新业态新模式的有效载体。网络零售额一直呈现出较快的增长态势。国家统计局的数据显示，2021 年，全国网上零售额达 13.1 万亿元，同比增长 14.1%，增速比上年提高 3.2 个百分点。2022 年，全国网上零售额达 13.79 万亿元，同比增长 4%。网络零售已成为我国实现消费扩容的重要力量。数据显示，2022 年国内网络零售用户规模达 8.45 亿人，占网民整体的 79.2%。

（二）居民收入增长带动消费需求升级

随着我国居民收入的显著增加，生活水平的不断提高，带动消费需求不断升级。消费者更青睐健康、高品质的产品，并对购物便利性有着更大的需求。2022 年国民经济和社会发展统计公报显示，全年全国居民人均可支配收入为 36 883 元，比上年增长 5.0%。其中，城市居民人均可支配收入为 49 283 元，比上年增长 3.9%；农村居民人均可支配收入为 20 133 元，比上年增长 6.3%。民以食为天，食品消费一直是居民基础的生活需求。2022 年，全国居民恩格尔系数为 30.5%，其中城镇为 29.5%，农村为

33.0%。随着消费者收入水平的不断提高，居民的消费支出自然也不断增长。如图 4-2 所示，2021 年，全国居民人均消费支出为 24 538 元，居民在食品烟酒上的支出占人均消费总支出的 30.5%，具体金额为 7 481 元。

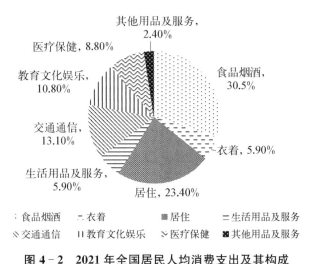

图 4-2　2021 年全国居民人均消费支出及其构成

资料来源：国家统计局《中华人民共和国 2022 年国民经济和社会发展统计公告》。

生鲜农产品作为居民日常生活中的必需品，在零售消费市场中占据重要地位。日益富足的生活条件也促使居民追求绿色、健康、高品质的生鲜产品。艾瑞咨询的调研数据显示，虽然三线及以下城市的消费者在网购时更看重生鲜农产品的价格，但一、二线城市的消费者在网购生鲜农产品时最关注的是商品品质及新鲜程度，商品价格已经成为第二影响因素，如表 4-1 所示。

表 4-1　2020 年中国不同级别城市消费者网购生鲜时看重的因素排名

排名	一、二线城市消费者	三线及以下城市消费者
1	商品品质及新鲜程度	商品价格
2	商品价格	商品品质及新鲜程度
3	配送速度	配送速度
4	品类丰富度	品类丰富度

资料来源：艾瑞咨询《2021 年中国生鲜电商行业研究报告》。

(三)生鲜农产品线上消费主流群体的关注点发生改变

80后、90后消费群体已经成为生鲜农产品线上购买的中坚力量。艾瑞咨询的调研数据显示,35岁及以下的生鲜电商用户占比高达55.7%,而56岁以上的生鲜电商用户仅占3.1%,如图4-3所示。80后、90后消费群体对购买便利性、产品全品类有着较高的要求,而对于价格的敏感度相对较低,同时希望不断加快配送速度,如图4-4所示。

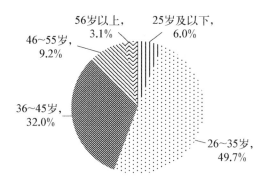

图4-3 2021年中国生鲜电商用户年龄分布

资料来源:艾瑞咨询《2021年中国生鲜电商行业研究报告》。

可以提供售后服务,消费更有保障	32.6%
防疫更安全	40.3%
订单/物流信息全流程通知/清晰可查询	40.6%
配送速度很快,几个小时就可以配送到家	46.0%
线上购买,价格更实惠	50.5%
商品品类齐全	55.8%
线上购买更方便,省去了去门店采购的时间	59.2%

图4-4 2021年中国80后、90后生鲜电商用户线上购买生鲜的原因

资料来源:艾瑞咨询《2021年中国生鲜电商行业研究报告》。

(四)新冠疫情促进线上消费习惯的形成

新冠疫情的出现,让线上购买成为生鲜农产品的主流消费方式。如

图 4-5 和图 4-6 所示,受访用户中 42.10% 的用户每周在线上平台采购生鲜农产品 2~3 次,4.50% 的受访用户几乎每天都通过线上平台购买生鲜农产品。此外,在生鲜平台单笔消费金额低于 200 元的消费者占比为 76.90%。通过购买频率与单笔消费金额的数据可知,新冠疫情的暴发使消费者线上购买生鲜农产品的行为更趋日常化。

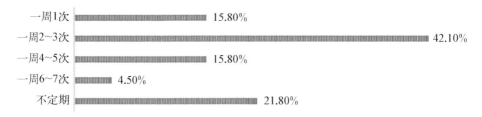

图 4-5 2021 年 5 月受访用户在生鲜平台采购频次调查

资料来源:艾瑞咨询《2021 年中国后"疫"时代生鲜电商运行大数据及发展前景研究报告》。

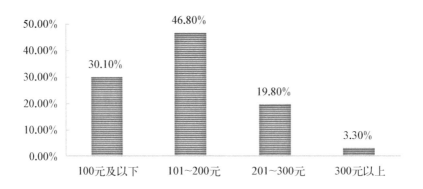

图 4-6 2021 年 5 月受访用户在生鲜平台单笔消费金额

资料来源:艾瑞咨询《2021 年中国后"疫"时代生鲜电商运行大数据及发展前景研究报告》。

二、生鲜农产品线上销售占比不断攀升

各品类生鲜农产品的线上销售额增速均较快,且生鲜农产品线上销售额占全国商品总线上销售额的比重逐年增加。根据商务部发布的《中国电子商务报告(2022)》,2022 年我国农产品网络零售额达 5 313.8

亿元,同比增长 9.2％,增速较 2021 年提升 6.4 个百分点①。在生鲜农产品品类中,水果、水产品、肉禽蛋、蔬菜虽然仅占农产品销售总额的 7.54％、7.50％、7.82％、3.01％,但肉禽蛋品类的同比增速超过 10.0％。《数字农业农村发展规划(2019—2025 年)》指出,2025 年农产品网络零售额占农产品总交易额的比重将达到 15％,年均增速达到 5.5％。可以看出,生鲜农产品零售额连年上升,各品类的销售额均呈现快速上涨的态势。

新电商成为农产品网络零售"超级单品"的新引擎。为适应生鲜农产品线上销售的发展,"超级单品"应运而生。生鲜农产品的"超级单品"是指在初期可以爆发式销售,具有转化为品牌产品的潜力,甚至能够成为品类代表的农产品。通过政府部门、电商平台、农业经营主体等多方协作,将田间地头的农特产品打造成适合线上销售的商品,进而提升农产品电商化水平。以水果超级单品为例,苹果、柑橘的年零售量均突破亿件,2019 年全国苹果、柑橘网络零售量分别为 1.4 万亿件、1.6 万亿件,零售额同比增长 59.5％、16.0％②。"超级单品"的发展,使各类时令水果的销售半径、销售范围显著扩大,既可以通过线上渠道降低农产品的销售成本,又能带动其他农产品拓展线上销售的渠道。

三、生鲜农产品线上销售参与主体不断壮大

随着生鲜农产品线上销售的不断发展,参与主体不再是单一的生鲜电商企业,传统农户、新型农业经营主体等均加入其中,成为线上销售的重要参与力量。

---

① 商务部.中国电子商务报告(2022)[EB/OL].[2023－06－09][2023－10－15].http：//dzsws.mofcom.gov.cn/article/ztxx/ndbg/202306/20230603415404.shtml.
② 中国农业科学院农业信息研究所.中国农产品网络零售市场暨重点单品分析报告(2020)[EB/OL].(2021－09－02)[2023－10－15].http://www.farmchina.org.cn/ShowArticles.php？url＝BDhWMw1tCD1VZAVgUmMEYFk9.

生鲜电商作为农业电商的重要组成部分，是发展"互联网＋"现代农业的重要切入点，是切实提升农业生产、经营、管理和服务水平的突破口。我国生鲜电商企业虽起步较晚，但一经兴起，便受到了政府、电商企业及消费者的极大关注。自 2005 年"易果生鲜"成立以来，我国生鲜电商已经发展了十多年，可以分为探索启动期（2005—2011 年）、快速发展期（2012—2015 年）和转型升级期（2016 年至今）三个阶段，发展历程以各电商企业成立与退出为节点，如图 4 - 7 所示。整体上，生鲜电商行业不断赢得新的发展机会，居民网购生鲜农产品的现象日益普及化，用户基础庞大，使整个行业加速发展。

新型农业经营主体与传统农户均在积极探索生鲜农产品线上销售。从 2015 年开始，以"互联网＋"为支点的国家政策陆续出台，2023 年中央一号文件中提出要深入实施"数商兴农"和"互联网＋"农产品出村进城工程，鼓励发展农产品电商直采、定制生产等模式，建设农副产品直播电商基地。

一方面，新型农业经营主体农产品电商业务发展势头良好。根据农民日报发布的《2022 中国新型农业经营主体发展分析报告》，农民合作社积极发展线上销售并带动更多农户发展农产品电商。截至 2020 年，在全国 500 强农民合作社中，超过半数依托第三方或地方性电商平台，或与电商企业建立供货关系，开展农产品电商销售业务，合作社社均电商交易额达 368.2 万元①。

另一方面，传统农户参与线上销售的积极性增强。随着社交平台（微信、小红书、微博等）与短视频平台（抖音、快手等）的发展，传统农户更偏向发展私域流量，并通过线上直播的形式来销售农产品。数据显示，2021年 1—10 月，快手平台有超过 4.2 亿农产品订单通过直播电商模式生成，将农产品销往全国各地，农产品销售额与 2020 年同期相比增长了 88％；农

---

① 2022 中国新型农业经营主体发展分析报告[EB/OL].（2022 - 12 - 30）[2023 - 09 - 30].https://baijiahao.baidu.com/s?id＝17535986915680079928.wfr＝spider&for＝pc.

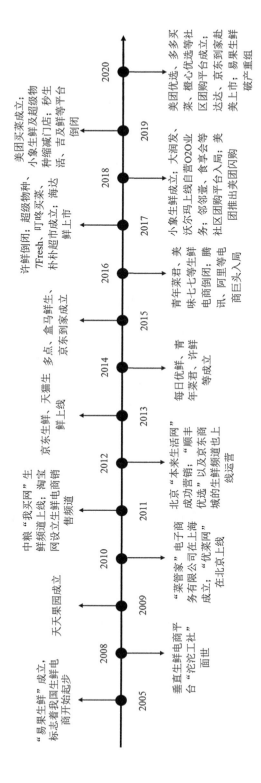

图 4 - 7　2005—2020 年我国生鲜电商企业发展历程

产品订单量与上年同期相比增长了99％①。

四、生鲜农产品线上销售模式不断丰富

随着互联网的发展，生鲜电商企业、传统农户及新型农业经营主体等不断探索并拓展生鲜农产品的线上销售渠道。笔者根据不同平台的特性，将生鲜农产品线上销售模式分为依托公域平台、私域平台、内容平台及政府平台四种。

（一）依托公域平台

依托公域平台的线上销售模式，是指新型农业经营主体在公域平台上自行开设线上店铺销售生鲜农产品。公域平台有着庞大的公共流量，包括以淘宝、京东等购物类 App 为代表的电商生活平台，以抖音、快手为代表的短视频平台，以及微博、小红书等社群类平台②。为与内容平台区分，将公域平台范围限于购物类电商生活平台。在调研中，庭娆合作社、桃咏桃业专业合作社负责人均提到在天猫或京东开设店铺。

（二）依托私域平台

依托私域平台的线上销售模式，是指新型农业经营主体在个人微信、QQ 等社交平台上建立粉丝群，发布生鲜农产品销售信息，消费者可以在交流沟通中增进对农户的了解，从而建立信任关系，新型农业经营主体进而可实现生鲜农产品线上销售。与公域平台相反，私域平台流量是由品牌或个人自主拥有、自由控制、免费、可多次利用的，其伴随着

---

① 中国网络文明大会［EB/OL］.（2021－11－23）［2023－10－15］.https://cj.sina.com.cn/articles/view/3164957712/bca56c1001901rzlp?tj＝cxvertical_pc_tech&tr＝12.

② 谭益之，王尚功，刘庆华."公域＋私域"流量的运营搭建与构想探析：以甘肃兰州正大优鲜为例［J］.上海商业，2022（7）：19－21.

粉丝群、微信群的兴起并在后疫情时代形成井喷现象。目前,在微信、QQ等社交平台上发布销售信息逐渐成为我国农产品线上销售渠道中的重要销售模式。农户通过微信、QQ等上传图片和视频来展示自己的产品,并根据市场反应及时改进农产品销售策略。笔者在调研中了解到,生飞农场负责人通过微信群销售生鲜农产品,越亚合作社通过微信小程序销售生鲜农产品。

（三）依托内容平台

依托内容平台的线上销售模式,是指新型农业经营主体在短视频平台(如抖音、快手、西瓜视频等)上发布图文、视频或自行直播来销售生鲜农产品。内容平台是指整合了众多内容创作者并拥有一定用户流量基础的平台。它是连接内容创作者和内容阅读者的桥梁。常见的以视频为主的内容平台有抖音、快手等。农户将农产品的播种、种植、采摘、运输、销售过程等展示于短视频或直播间中,可以帮助消费者直观了解农产品的生产销售全过程,有助于提升消费者通过网络购买生鲜农产品的意愿。同时,农户自己上阵当主播来宣传其优质的生鲜农产品,可减少额外的经营成本投入,进一步扩大农产品销售范围,从而吸引更多的消费者。笔者在调研中了解到,壹各忆农业公司通过拍摄短视频并上传至抖音平台开展相关宣传活动,开通了线上直播销售农产品,取得了一定的成效。

（四）依托政府平台

依托政府平台的线上销售模式,是指新型农业经营主体在政府搭建的线上平台上销售生鲜农产品。新冠疫情暴发加速了生鲜农产品线上销售渠道的发展,各地政府先后搭建线上销售平台开启助农行动,既保证了生鲜农产品的及时供应,又促进了生鲜农产品线上销售业务的拓展。以上海市为例,各区政府协同第三方运营公司,搭建了公益微商城,如金山区上线"金山味道"微商城、浦东新区上线"孙桥优选"微商城等。

第二节　都市新型农业经营主体
线上销售现状分析

在查阅相关文献资料与实地调研的基础上，本书将"生鲜农产品线上销售"定义为新型农业经营主体直接应用私域平台（个人微信号、微信群、小程序等）、公域平台（在淘宝、天猫、京东等平台自行开店）、政府平台（浦农优鲜、鱼米之乡、金山味道等）或内容平台（抖音、快手、西瓜视频等）进行网络销售的行为。为了解上海市新型农业经营主体生鲜农产品的线上销售情况，笔者所在研究团队于 2022 年 1 月至 3 月对上海市 17 家新型农业经营主体进行了访谈与问卷调查。

一、调研概况

调研过程的前四步同上海市新型农业经营主体线下销售现状调查部分①，本节不再赘述。第五步发放调研问卷，问卷的题项设计如下：

一是新型农业经营主体线上销售情况。题项包括"您是否选择线上销售渠道"，选项设置为是/否；"您线上销售主要的渠道有哪些"，选项设置依次为：私域平台、公域平台、政府平台、内容平台。

二是新型农业经营主体在各类线上平台销售时遇到的困难。依据私域平台的特点，选项设置为宣传范围有限、老客户复购率低、新客户开发难度大、客户信息管理难度大；依据公域平台特点，选项设置为客户积累难度大、平台产品同质化、广告成本高、自身竞争力较差；依据政府平台特点，选项设置为政府宣传力度小、宣传持续性不佳、产品入驻要求高、售后对接烦琐；依据内容平台的特点，选项设置为客户积累难度大、内容差异

---

① 详情见本书第三章第二节。

化难做、推广成本高。此外,笔者对新型农业经营主体未来打算着重发展的线上销售渠道进行了意向调研,选项依次设置为:私域平台、公域平台、政府平台、内容平台、其他。

三是新型农业经营主体负责人的基本信息。包括性别、年龄、文化程度、农业经营时长、兼业情况、所在组织评级、产品所获得的认证、种植面积、销售收入与销售区域等。

二、新型农业经营主体线上销售渠道选择的总体概况

上海市新型农业经营主体线上销售业务开展率较高。调查结果显示,采用线上渠道销售生鲜农产品的新型农业经营主体占比为 53.73%,线上销售业务开展率超过半数。笔者在与新型农业经营主体负责人的访谈中了解到,未开展线上销售业务的原因可分为内部原因和外部原因。其中,内部原因包括经营者不会操作线上平台、资金不充裕、产量只够供应线下销售渠道等。比如子乔家庭农场负责人表示,他们仅有 30 亩地,线下零售已供不应求,因此不打算过多投入线上销售渠道。外部原因包括经营者所处村镇收寄快递成本较高、快递服务不完善、缺乏冷链配送等。比如良元合作社负责人表示,上海地区运输成本高、快递物流成本高,算下来没有价格优势,因此不愿发展线上渠道。

上海市新型农业经营主体线上销售模式丰富多样。如图 4-8 所示,上海市新型农业经营主体线上销售模式,按比重从高到低依次为:私域平台、政府平台、内容平台、公域平台。上海市新型农业经营主体线上销售模式以私域平台为主,占比高达 84.26%,而选择公域平台的仅占 18.52%。调查发现:在私域平台中,微信好友直接购买、经营者搭建微信群、开发小程序等这类线上销售模式门槛低、运营成本低,通常成为经营主体进行线上销售的首选模式。例如访谈中生飞农场负责人表示他们很注重私域平台客户的管理,针对微信客户过往的订单及消费习惯,对客户进行分类与"打标签",如购买大米、鸡、水果的客户消费

习惯不同，因此会配备不同客服进行回访；而在公域平台开店，需要设计线上店铺、交纳一定保证金、配备线上客服、提供售后等一系列服务，且公域平台上同质产品多、竞争激烈，不仅有一定的进入门槛，而且会耗费大量人力、物力、财力，故经营者依托公域平台参与销售的比重较低。在笔者调研的新型农业经营主体中，仅有桃咏合作社在天猫平台发展较好，其余合作社在公域平台的投入并不多。比如庭娆合作社负责人表示虽然已在淘宝、京东平台上开店，但是销量很少，合作社也没有安排专门人员管理网店。

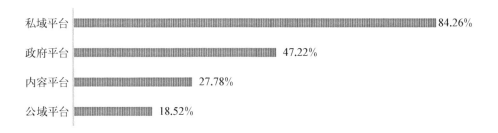

图 4 - 8　上海市新型农业经营主体主要线上销售渠道占比
资料来源：笔者根据调查数据整理。

三、不同类型新型农业经营主体线上销售渠道选择

新型农业经营主体规模越大，线上销售的参与率就越高。由表 4 - 2 可知，家庭农场、农民专业合作社、龙头企业参与线上销售的比重分别为 36.6%、57.9%、87.5%。这表明，只有新型农业经营主体的效益不断提高、规模不断壮大，才能做到产量与线上消费需求量相匹配，才能负担得起线上运营成本与物流成本，才有开展线上销售业务的软硬件实力。例如，子乔家庭农场负责人表示其现有产量只能供应线下消费者，拓展线上销售渠道力不从心。而国家级农业产业化龙头企业——上海清美绿色食品集团线上销售业务负责人则表示，已上线"清美新鲜到家"线上买菜平台，并协同其线下门店，发展"店＋仓"运营模式，消费者通过线上清美平

台下单，系统自动将订单分配至离客户最近的前置仓送货。

表 4−2　不同新型农业经营主体线上销售参与情况

新型经营主体类型	是否采用线上销售渠道	
	是/%	否/%
家庭农场	36.6	77.3
农民专业合作社	57.9	42.1
龙头企业	87.5	12.5

资料来源：笔者根据调查数据整理。

四、管理者特征差异下的新型农业经营主体线上销售渠道选择

经营者的个体特征会影响其开展线上销售业务。本节从经营者的性别、年龄、受教育程度、从事农业时长、兼业情况等个人特征出发，分析其开展线上销售业务的情况。如表 4−3 所示，经营者在年龄、受教育程度、从事农业时长上表现出了明显的差异性。

表 4−3　不同特征的负责人线上销售参与情况

项目	子群体	是/%	否/%	项目	子群体	是/%	否/%
性别	男	48.7	51.3	年龄	60 岁及以上	21.4	78.6
	女	61.0	39.0	兼业情况	有兼业	55.2	44.8
年龄	30 岁及以下	88.9	11.1		无兼业	53.0	47.0
	31~40 岁	69.4	30.6	受教育程度	高中及以下	38.8	61.2
	41~50 岁	54.5	45.5		大专	55.1	44.9
	51~60 岁	40.4	59.6		大学本科	67.8	32.2

续　表

项目	子 群 体	是/%	否/%	项目	子 群 体	是/%	否/%
受教育程度	研究生及以上	66.7	33.3	从事农业时长	11～15 年	71.7	28.3
从事农业时长	5 年及以下	58.8	41.2		16～20 年	37.5	62.5
	5～10 年	49.3	50.7		20 年以上	41.2	58.8

资料来源：笔者根据调查数据整理。

（一）年龄

在年龄方面,30 岁及以下的负责人采用线上销售渠道的占比高达88.9%,而60 岁及以上的受访者采用线上销售渠道的比例仅为21.4%,二者相差甚远。这表明经营主体越年轻,其学习能力与接受互联网技术的能力会更强,因此开展线上销售行为的可能性越高,这与现有学者的研究结果一致[1]。

（二）受教育程度

在受教育程度方面,大学本科、研究生及以上学历的负责人采用线上销售模式的占比分别为 67.8%、66.7%,而高中及以下学历的负责人采用线上销售模式的占比仅为 38.8%。可以解释为,受教育程度越高,经营者参与线上销售的可能性越大,这与现有学者研究结果一致[2]。

（三）从业时长

在农业从业时长方面,经营主体农业从业时间的长短与开展线上销售业务的比重呈倒 U 形关系。受访者农业从业时长在 11～15 年的,采用

---

[1]　崔宝丹.河南省原阳县农户参与农村电商意愿及影响因素研究[D].北京：北京林业大学,2020.

[2]　林海英,赵元凤,葛颖,等.贫困地区农牧户参与电子商务意愿的实证分析：来自 594 份农牧户的微观调研数据[J].干旱区资源与环境,2019,33(6)：70-77.

线上销售模式的占比为 71.7%。这一年龄段的经营者已有农业生产经营经验,渴望开拓新型销售渠道。而农业从业时长较短或过长的受访者,其经营战略可能更加保守,越不愿意开拓新的销售渠道。例如山臻合作社负责人表示,他已从事农业 30 余年,个人精力有限,不知道怎样开展线上销售,贸然开拓线上销售渠道怕影响合作社发展,其现有销售战略还是以发展线下渠道中的大客户订单为主。

此外,问卷调查结果显示,性别与兼业情况不同的经营者在线上销售行为上的差异性并不明显。

第三节　生鲜农产品线上销售渠道
发展面临的主要问题

一、私域与公域平台销售,流量获取存在瓶颈

在私域平台销售时,经营者往往依靠的是自己的亲朋好友以及从事农业经营中积累下的客户,所获流量有限,且客户信息管理难度较大。问卷调查结果如图 4-9 所示,关于私域平台销售的主要困难,有 76.67% 的经营者认为宣传范围有限,多依靠亲朋好友购买或之前积累的客户;有 64.44% 的经营者认为新客户开发难度大;有 47.78% 的经营者认为客户信

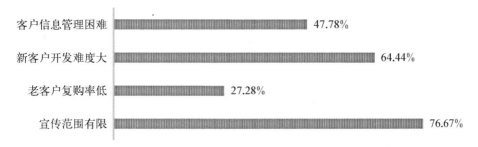

图 4-9　新型农业经营主体依托私域平台销售的主要问题

资料来源:笔者根据调查数据整理。

息管理难度大，经营者往往只能自己对消费者偏好的产品、消费者购买频率这些标签进行简单分类，无法做到完备的客户资料管理。

与经营主体访谈的过程中，越亚合作社负责人表示线上渠道散客较少，以亲朋好友为主，复购率较低。生飞农场负责人也提到，对于中小型新型农业经营主体而言，由于担心客户信息流失，通常不会将客户关系管理事务交由第三方运营机构，多由经营主体自己维护，然而负责人时间、精力有限，单靠个人力量很难及时处理所有客户的需求，从而影响其客户开发与维护的质量。

在公域平台销售时，经营者同样在流量获取上存在瓶颈。与私域流量不同的是，公域平台虽有较大的流量池，但商家数量众多，经营主体难以突出自身优势。问卷调查结果如图 4－10 所示，关于公域平台销售的主要困难，有 75% 的经营者认为平台投放广告成本高、产品同质化严重，有 55% 的经营者认为存在自身竞争优势弱、客户积累难度大的问题。

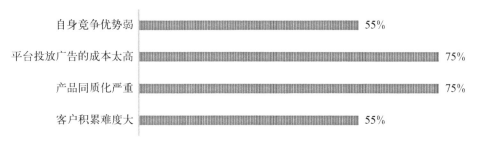

图 4－10 新型农业经营主体依托公域平台销售的主要问题
资料来源：笔者根据调查数据整理。

访谈中，庭娆合作社负责人表示，大促期间，在淘宝投放广告的成本较高。而在淘宝搜索"红美人"品种的橘子时，其他商家的橘子也会出现，甚至可以做到 9.9 元 3 斤，自家的橘子无法在公域平台形成价格优势。

二、政府平台销售，可持续性不足

政府助农平台有别于成熟的电商平台，其流量较小、消费者了解程度不高，经营主体从政府平台获得流量的可持续性不足。问卷调查结果如

图 4-11 所示,高达 64.71％的经营者认为政府助农平台宣传的持续性不佳,54.90％的经营者认为政府对其平台的宣传力度小,50.98％的经营者认为借助政府平台进行销售存在售后对接流程烦琐问题,有 27.45％的经营者认为政府平台对生鲜农产品的入驻要求较高。

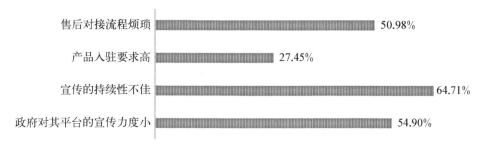

图 4-11　新型农业经营主体依托政府平台销售的主要问题

资料来源:笔者根据调查数据整理。

在访谈过程中,苗荟合作社负责人表示,政府往往在农产品初上市的前期进行大量宣传,而此时农业经营主体的产品并不能满足消费需求,存在"供不应求"的状况。在农产品集中上市期间,政府对其宣传力度、宣传频率又大幅下降,市场上出现"供过于求"的情况。只有主流官方媒体对政府平台进行集中宣传时,经营者的订单才会有所增长,过了宣传期后,经营者难以获得稳定且持续的客流量。同时,依托政府平台开展线上销售还存在售后对接流程烦琐的问题。以浦农优鲜平台为例,产品销售后,如出现售后问题,消费者并不能直接与经营者交流,而是需要浦农优鲜平台的工作人员介入处理售后问题,造成售后不及时、不准确的问题。

三、内容平台销售,运营能力欠缺

新型农业经营主体在内容平台上需要找准账号定位、了解平台推送机制、持续输出好的内容,而经营主体的运营能力有限,个人难以完成所有的运营工作。问卷调查结果如图 4-12 所示,高达 86.67％的经营者认为内容平台买广告位、做推广引流成本高;有 60％的经营者不知道如何做

出独特、差异化的短视频或图文内容，难以持续输出优质的内容；有
46.67%经营者认为客户积累难度大，不清楚如何将流量变现。

图4-12 新型农业经营主体依托内容平台销售的主要问题

资料来源：笔者根据调查数据整理。

在访谈过程中，生飞农场负责人表示，曾与做内容平台个人账号运营
的专业公司合作过，但花费的成本较高且效果不明显。目前，他们倾向于
招聘专属于自己团队的运营人员，需要其具备拍摄视频、图片，撰写生鲜
农产品相关文章的能力，并能协助农场开设农产品直播。

四、经营主体线上销售规模有限，物流成本难以降低

新型农业经营主体线上销售的首要问题仍是物流成本难以降低。物
流成本包含了物流运输成本和农产品包装成本。经营主体开展线上销售
普遍存在的问题，如图4-13所示，排名前三位的问题分别是物流成本较
高、缺乏专业的运营团队、物流运损较大。

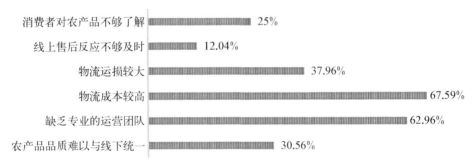

图4-13 新型农业经营主体参与线上销售的共性问题

资料来源：笔者根据调查数据整理。

在访谈过程中,子乔农场负责人表示线上订单量有限,快递公司给的折扣少,快递成本较高,甚至高于生鲜农产品本身的价格。依靠自己配送的话,只能优先配送距离近及采购量大的订单,并且配送时间较长。桃咏合作社负责人表示,由于南汇水蜜桃是软质桃,容易受损,对快递配送和包装上的要求较高,即使花费成本加强了包装,但物流运输导致的损耗率仍然较高。在线上销售运营上,巧禾合作社负责人表示,以抖音平台为例,经营主体选好做农业的定位,市面上已有做内容平台的广告公司,会根据农业网红特性,设计完整的模式,一次性拍摄 20 个短视频,让经营主体定时发布。但这种模式花费的成本较高,视频内容的质量不高,最终还是依托于经营者自己积累的客户和亲朋好友帮忙转发。

第四节　生鲜农产品线上销售渠道发展的对策建议

线上销售方式已成为农村销售生鲜农产品的新生渠道,也是推动乡村产业兴旺、实现乡村振兴的重要方式。新型农业经营主体作为线上销售的重要参与者应发挥联农带农作用。但在发展过程中,各类新型农业经营主体面临着农产品品牌建设困难、政府扶持政策不完善、缺乏农业人才、个体力量弱小等共性问题,也面临着线上销售技术约束、资金或用地不足等个性化问题。据此,笔者提出以下对策建议。

一、基于区域公用品牌打造企业品牌,增加线上流量

线上销售的高度虚拟性使生鲜农产品市场信息不对称的情况加剧,同时影响了消费者的购买行为与农业经营主体的销售行为。在农产品线上市场同质化严重、产品区分度不高的情况下,品牌方可以向消费者传递农产品质量好坏的信号,提高消费者对生鲜农产品的质量认知,进而为农

业经营主体吸引更多线上流量，提高收益。

农产品品牌通常可以分为两种：一种是农产品区域公用品牌，指在某区域范围内形成的具有相当规模和较强生产能力、较高市场占有率和影响力的农业企业（或家庭）所属品牌的商誉总和①；另一种是农业经营主体自有的企业品牌，是个人注册的私有商标。

一方面，农业经营主体应该提高自身对生鲜农产品的品牌意识。树立品牌保护意识，积极开展"两品一标"（绿色食品、有机农产品和农产品地理标志）质量认证工作，自觉维护区域公用品牌声誉。政府部门也需要完善"两品一标"质量认证制度，简化"两品一标"质量认证流程，加强对区域公用品牌的管理，防止市场上出现假冒区域公用品牌农产品。此外，还应由政府及龙头企业主导，搭建统一的区域公用品牌宣传推广平台，通过政府官方媒体在线上或线下进行宣传，提高产品品牌知名度，带动并赋能企业品牌。

另一方面，有能力的农业经营主体在参与区域公用品牌建设的基础上，注册自有商标并创建企业品牌。以区域公用品牌作为"母品牌"，以企业品牌为"子品牌"，实现"母子品牌结构"的协同发展，进而实现生鲜农产品的差异化经营，吸引更多的线上流量，提升农业经营主体线上销售的比例，促进生鲜农产品线上销售的发展。

二、提升政府平台宣传及运作的可持续性

为促进线上销售渠道的发展，政府部门也要积极推动生鲜电商平台搭建，并通过官方媒体资源对政府电商平台进行宣传。

首先，政府平台要提升对生鲜农产品的宣传推广能力。政府平台拥有主流官方媒体资源，对新型农业经营主体的宣传效果显著。经过政府平台与官方媒体宣传后，新型农业经营主体均表示其知名度、经营效益都有所提

① 朱玉林，康文星.基于农业产业集群的区域品牌需求与供给分析[J].求索，2006(7)：35-37.

升。但是政府宣传只集中于农产品初上市时，在集中上市期间的宣传较少。因此，政府平台可优化宣传频率，针对农产品上市周期，制订与之相匹配的宣传方案。除了在农产品上市初期进行宣传外，在农产品集中上市期间也可补充宣传。政府部门也可以定期举办农产品宣传推介会。

其次，政府主导发展农产品线上销售平台要实现可持续性。新冠疫情发生后，各地政府为解决农产品滞销问题，主导搭建了农产品线上销售平台，但平台运营的持续性不佳。因此，政府平台可以引入社会资源，与电商企业、有条件的新型农业经营主体合作，共同运营政府部门的线上销售平台。

三、促进人才交流与合作，提升经营主体线上运营能力

为促进生鲜农产品线上销售渠道发展，提高农业主体的经营水平，需要强有力的人才支撑。中共中央办公厅和国务院办公厅在印发的《关于加快推进乡村人才振兴的意见》中也指出，要"加强农村电商人才培育。提升电子商务进农村效果，开展电商专家下乡活动。依托全国电子商务公共服务平台，加快建立农村电商人才培养载体及师资、标准、认证体系，开展线上线下相结合的多层次人才培训"。

一方面，引进电商人才，号召农业人才返乡创业。首先，政府部门可以出台相应的人才引进政策，给返乡创业的人才提供补贴。其次，可以加强与涉农高校的合作，高校可以与农村合作签订培养电商人才定向班协议，既能发挥高校的教学优势，为农村提供专业人才，也能为农村的特色产品进行宣传，为引进专业人才奠定基础。

另一方面，培育现有农业经营主体的线上运营能力。在线上销售宣传方面，各村委会可以在村内重要的公共场所张贴宣传线上销售的标语、横幅等，发放宣传单、线上销售指南等。村委会也可以利用官方微信公众号或抖音、快手等短视频平台，制作宣传线上销售的图文或短视频，进而加强经营主体对线上销售渠道及政策的了解；在营造良好的线上销售氛围方面，可以充分利用乡土的熟人信任优势，开展向在线上销售取得一定

成果的农业经营主体学习的活动，树立典型，增强社会示范作用，提升经营主体开展线上销售的自觉性；在线上销售培训上，要利用好农闲时间，以村为单位，开展形式新颖、内容丰富的农产品线上销售培训或答疑活动，帮助经营主体掌握线上销售的操作技能。各村级或乡级也可以建立线上销售的微信或 QQ 交流群，在交流群中安排农业技术推广专员对新型农业经营主体线上销售过程中存在的问题及时进行答疑。

四、"抱团"取暖，提高经营主体市场谈判能力

"抱团"取暖，是指新型农业经营主体之间要加强合作，以在市场上获得更多的话语权。经营主体线上销售面临的首要问题就是物流，较高的仓储、运输成本一直制约着农业经营主体发展线上销售。

首先，在生鲜农产品仓储上，由于生鲜农产品具有易腐烂、易损耗的特点，且不同品类的农产品储藏的需求都不同，需要针对不同农产品配备适宜的储藏空间及储藏条件。单独一家经营主体难以承担建设仓储库的成本，经营主体之间可以根据产地、销地的位置，共同建设仓储库。

其次，在生鲜农产品运输上，配送成本的降低自然会提高经营主体参与线上销售的积极性。为增强经营主体与物流企业的谈判能力，政府可出面与产业基础良好的国有或集体企业进行谈判，促成其与农产品产业化联合体合作，以获取最大的物流折扣。优质的中小型经营主体也要"抱团"取暖，将农产品上市时间相同、物流运输需求相似的农业经营主体集中起来，统一与物流企业谈判，根据产品发货件数，制定相应的物流折扣，进而降低线上销售中的运输成本。

第五节　上海市新型农业经营主体线上销售典型案例

除对上海市新型农业经营主体发放调查问卷外，笔者在走访的 15 家

新型农业经营主体中分别选取家庭农场、农民专业合作社、农业企业中具有代表性的人士进行深度访谈,分别是家庭农场农场主 A、农民专业合作社理事长 B 以及农业企业 4 位负责人。

一、上海子乔家庭农场私域流量线上销售模式

（一）基本情况介绍

子乔家庭农场农场主 A,男,41 岁,浙江省建德市人。A 从事农业的契机源于自己家乡草莓产业蓬勃发展。最早浙江省农业科学院将日本的优良草莓品种引进国内时,试验基地就在 A 的家乡,现如今建德草莓已被评为浙江省农业名牌产品、中国农产品地理标志登记产品。家乡村民外出种草莓获益颇丰,也激发了 A 从事草莓种植行业的想法。2011 年,A 辞去国企单位的工作,来到上海从事草莓种植。在农业生产方面,A 目前共流转 30 余亩土地,但土地分布分散化、碎片化。A 自身拥有过硬的草莓种植技术,以收徒的形式指导 2 位徒弟按照标准化操作生产,由 A 按照统一品牌、统一包装直接收购,收购的草莓达标率较高。在经营战略方面,A 采取"3331"战略,每年生产的草莓 30% 以礼盒包装形式销售、30% 供应附近的水果店、30% 为基地采摘活动所用,剩余 10% 捐赠给敬老院、福利院等慈善机构。

（二）线上销售模式

在农产品线上销售方面,A 致力于开发私域流量,销售对象为多年经营积累下的人脉,购买者以散客为主。在草莓上市时,A 在朋友圈发布视频和图片进行广泛宣传,微信好友可与 A 沟通后直接下单。目前,A 并未组建微信群或开发小程序,仅依靠熟人推荐、口碑发酵等方式来拓展销售范围。此外,A 曾在抖音探索过农产品直播销售模式,收效甚微,只有大促销时销量才较为可观。在与助农平台合作方面,A 的产品

曾上架过浦农优鲜政府线上平台，并与建设银行有过直播合作，但此类活动依赖于政府部门/企业的大力宣传，缺少持续性，较难获得公域平台的流量导入。

（三）线上销售面临的主要困难

在深度访谈过程中，笔者发现 A 主要面临以下困难：一是产品认证难。A 种植草莓的规模小、标准化程度低，现阶段无法获得绿色产品认证，会影响消费者对其产品的信任度与认可度。此外，因缺少绿色产品认证，A 无法加入农协会组织的品牌联社，就不能借助品牌联社的力量进行推广与销售。A 虽注册了自己的品牌，设计了品牌包装与品牌标志，但其品牌建设流于形式，没有打造品牌的具体措施，且对品牌的未来规划尚不明晰。二是供需规模不匹配。草莓因其季节性强、种植技术要求高、不易储存等特点，经常出现供不应求的现象，加之生产规模通常由经营者依据往年的销售经验确定，使得供货不足的情况在草莓刚上市时更为常见。三是用工短缺问题。在种植方面，虽只有 30 余亩地，但草莓种植需要依靠人工进行手动除草、施肥、掐苗，仅依靠 A 与 2 位徒弟，工作量较大。A 表示懂草莓种植技术的农人老龄化严重，招聘懂技术的农人十分困难。在销售方面，A 的家庭农场以夫妻店形式经营，在草莓种植及集中上市时，两个人很难同时处理草莓统一采摘、包装与分级、消费者购买、联系快递公司等业务，农忙时招聘短工的难度大。

（四）未来政策需求

家庭农场的政策需求主要集中在以下几个方面：一是出台不同品类农产品特色质量认证要求。以绿色产品认证为例，认证的标准全国统一，没有按不同类型产品特性进行分类，需要政府出台具有区域特色、产品特色的农产品质量认证要求。二是建立农产品信息库。希望政府部门及时发布产能信息，A 希望能够提前知道未来草莓供给能力，进而方便确定自己的生产规模。

二、上海乔稼农产品专业合作社线上多渠道销售模式

（一）基本情况介绍

上海乔稼农产品专业合作社理事长 B，女，42 岁，浙江人。1998 年就职于上海某服装厂。2006—2009 年去日本从事服装加工工作，将在日本学习到的技术和订单带回上海，创办了服装厂，积累了公司运营经验。在2015 年浦东新区宣桥镇季桥村推行的土地流转政策的吸引下，B 开始从事大米种植。这 7 年来，B 从"地里的活儿一天都不会管"到对农业颇有自己的心得。在农业生产方面，B 在浦东新区发展"高端、高科技、高附加值"农业的定位下，引进优质大米种源，施有机肥，采用稻菇轮作模式，发展农副产品加工业务；在农业经营方面，B 致力于实现三产融合，开展亲子拓展、团建活动，吸引市民来到农村，体验浦东乡间魅力。

（二）线上销售模式

在农产品线上销售方面，B 以微信朋友圈、微店、小程序、浦农优鲜平台作为主要的线上销售渠道。B 表示，2021 年合作社农产品线上销售额约占其总销售额的 30%。与 A 一样，B 也致力于私域流量的培育，将多年销售积累的人脉，按客户偏好、复购率、主要购买产品进行分类管理，定期在微信群里发送产品信息；在农产品线上推广方面，B 与专业的线上运营第三方合作，在抖音、微信视频号、微信公众号定期发布文章、图片、视频，期望打造个人 IP，讲好品牌故事，塑造匠心人设，赢得客户对其信任，进而对其销售产品的品质放心。

（三）线上销售面临的主要困难

在深度访谈过程中，笔者发现 B 主要面临以下困难：一是专业技能不足。在农产品线上推广上，B 很难自行完成视频拍摄、剪辑工作。而专业线

上团队运营需要耗费大量的人力、物力、财力，成本太高难以延续，寻找合适的第三方农产品运营团队难度较大。在刚开始推广的过程中，由于第三方团队专业性不佳、合作伙伴之间不信任，导致 B 亏损 10 余万元。此外，第三方团队的积极性、主动性不够，很难达到经营者的预期。二是政府平台流量小，宣传力度不够。新冠疫情暴发后，依托浦东新区农业农村委推出的浦农优鲜平台，最高峰时能销售 20% 的产品。一旦没有了政府宣传下，订单大幅度下降，缺少持续性。因在政策性平台宣传得到的不是自己品牌的专属流量，所以 B 的参与积极性不高。三是品牌建设难度大。首先，B 期望打造个人品牌，而品牌价值观、品牌设计、品牌包装等多个方面需要投入很多精力，且实施难度较大。其次，目前 B 虽然借助政府平台宣传，但还未设计自己的专业网站，即使消费者在政府宣传下进行网页搜索，也难以获取准确、有效的信息。最后，B 认为品牌需要打造一个爆款吸引消费者，借此让品牌快速成长，但目前 B 旗下的农产品缺少爆款。四是人才缺乏。B 的家庭农场主要工作人员以其亲朋好友为主，招聘农业从业人员难度大且人员流动性高，招聘既懂农业又懂经营的人才更是难上加难。

（四）未来政策需求

农民专业合作社的政策需求主要集中在以下两方面：一是需要技术培训，特别是电商运营培训。合作社在种植技术上已达到较高的行业水平，但是在如何运营农产品电商业务上尚不成熟，需要政府提供相关的政策、技术及操作培训。二是需要做好宣传推广工作。上海市都市现代农业建设以"三高"为定位，但消费者对于上海地产农产品的印象较为模糊，对地产农产品的信任度不够。强化产品"三高"的正向引导，可为实现产业兴旺打下坚实的基础。

三、上海壹各忆农业发展有限公司农产品直播线上销售模式

（一）基本情况介绍

壹各忆农业发展有限公司于 2021 年 12 月挂牌成立，由上海浦东新

区 6 位"80 后新农人"共同出资成立。笔者与壹各忆公司的其中 4 位合伙人进行了深度访谈,考虑到该公司成立时间较短,本节仅对壹各忆公司的战略定位、线上销售、营销推广的未来布局进行分析。在战略定位方面,壹各忆公司将整合 6 家农民专业合作社的优质农产品,主要向线上渠道发力,均以"壹各忆"商标推向市场。6 位合伙人按股权占比分配销售任务,销售利润的 80% 由各合作社持有,余下 20% 放在壹各忆公司中用于运营。该公司最终的目标是整合 6 家合作社的明星产品与优质资源,实现物流统一、产品共享,打造综合性农产品电商平台。

（二）线上销售模式

在农产品线上销售方面,与 A、B 致力于开发私域流量不同,壹各忆公司希望导入公域平台的流量。壹各忆公司现已开发微信小程序,未来会考虑入驻第三方平台(天猫、京东、叮咚买菜等),并且打算组建自有销售团队。在农产品推广方面,该公司在抖音平台开设了壹各忆官方账号,目前 6 位合伙人轮流每晚 8 点直播卖货,希望积累一定的客户。

（三）线上销售面临的主要困难

在深度访谈过程中,笔者发现壹各忆公司主要面临以下困难:一是产品种源培育难。目前线上市场上农产品种类丰富,但产品同质化严重,农产品品质参差不齐,线上商户之间打"价格战"。而公司缺乏特色特有产品的种源,很难凸显其产品竞争力。二是农产品种植、加工、休闲农旅、业务融合发展存在困难。农产品分级后,一些产品可用于加工,但企业很难获得加工资质。在农闲时,企业一些生产基地可以用来发展休闲旅游、农家乐、民宿等业务,但限于政府的相关政策,导致企业发展休闲农业的战略受阻。三是小农户管理困难。大部分农户岁数大、受教育程度不高,接纳新事物慢,导致公司在人员培训上耗费大量人力、物力和财力。

（四）未来政策需求

农业企业的政策需求主要集中在以下两个方面：一是与技术人员、涉农高校或农科院进行种源研发合作。可由政府部门牵头，组建特色农产品种源研究所，借助农科院、相关高校及研究机构的专家资源，进行紧密合作，不断引进和改良农产品的品种。二是产品推广服务。在政府宣传方面，继续用好官方媒体资源，针对受众优化线上展会组织。在企业宣传方面，产品和包装是企业必须用好的"自媒体"。

综合以上三个案例，对不同类别新型农业经营主体线上销售参与原因、困境及政策需求进行汇总，如表 4-4 所示。

表 4-4　代表性新型农业经营主体线上销售参与
原因、困境及政策需求的案例分析

主体类型	参 与 原 因	面 临 困 境	政 策 需 求
家庭农场	受家乡草莓产业吸引； 曾在国企工作； 自身拥有过硬的种植技术	产品认证难； 供需规模不匹配； 用工短缺	产品质量认证支持，做好宣传推广工作； 建立农产品信息库
农民专业合作社	此前在上海开设服装厂，积累了运营经验； 思维较为活跃； 具有较丰富的互联网使用经验	专业技能不足； 政府平台流量不佳； 品牌建设难度大； 人才缺乏	提供电商技术培训； 做好宣传推广工作
农业企业	6 位合伙人都已有农业经营经验，积累了深厚的人脉； 有善于发现新的市场机会的企业家精神	产品种源培育难； 农产品种植、加工、休闲农旅、业务融合发展存在困难； 农户管理困难	与技术人员、涉农高校或农科院进行种源开发合作； 产品推广服务

资料来源：笔者根据深度访谈与案例资料整理。

第五章
都市新型农业主体线上线下销售融合

生鲜农产品线上销售发展势头迅猛,但因为私域流量获取存在瓶颈、政府平台销售持续性不足、内容平台销售运营能力欠缺、新型农业经营主体线上销售规模有限、物流成本难以降低等问题,生鲜农产品线上销售业务的发展进入了瓶颈期。在此背景下,各类新型农业经营主体都开始探索生鲜农产品线上线下融合销售模式,不仅给传统销售渠道注入了活力,更在很大程度上实现了返利于农。本章分析了生鲜农产品线上线下销售融合的内外动因,归纳了生鲜农产品线上线下销售融合的主要模式,并对典型案例进行了分析,在此基础上,总结了生鲜农产品线上线下销售融合的现存问题,给出了生鲜农产品线上线下销售融合的发展建议。

第一节　生鲜农产品线上线下销售
融合动因、意义与价值

一、生鲜农产品线上线下销售融合动因

(一)消费者期待更灵活的购物方式、更多元的消费内容

消费对经济的发展有较强的带动作用,特别是对农产品供给端来说,

消费者的购买意愿与行为会对农户收益产生直接影响。新消费群体①的崛起与消费方式的改变、消费内容的拓展使得新型农业经营主体为适应新环境，开始建设线上线下融合的销售渠道。

1. 新消费群体对消费增长的贡献度上升

我国具有购买力的消费群体逐渐年轻化，数据显示，35 岁以下的年轻人的消费占消费增长的 65%②。年轻消费群体的消费理念及对生鲜农产品的需求与 60 后、70 后及 80 后消费群体完全不同，年轻消费者追求更便利、更快捷的消费体验，更注重个性化与生活质量。新型农业经营主体为迎合市场需求，逐渐开始了解新消费群体的价值主张和价值追求，并通过发展线上线下融合销售渠道以创造更大的客户价值。

2. 消费者的消费方式在不断改变

电子商务的发展使消费者拥有更多选择空间，不再局限于线下消费。在线上消费时，消费者能够及时反馈，即通过评论留言等方式评价商家的生鲜农产品，消费者逐渐掌握话语权。因此，新型农业经营主体需要在维护传统线下销售渠道的过程中，重视线上销售渠道的建设，以满足消费者日益变化的消费需求。

3. 消费者的消费内容不断拓展

随着经济的发展，对于消费者来说，农业消费已不只局限于食物消费。农业产业展现出的自然、绿色与休闲因素得到更多关注，消费者从购买生鲜农产品转变为购买绿色服务和自然体验。因此，新型农业经营主体在原有线下、线上销售渠道建设的基础上，需要关注线下休闲与体验等活动内容以及线上宣传内容的设计，以提高消费者的满意度。

---

① 新消费群体：本书特指 90 后与 00 后。因 90 后开始成为社会中坚力量，具有稳定收入，00 后也逐步走向职场，由他们组成的新生代消费群体，展现出巨大的消费力。

② 中银消费金融联合时代. 当代青年消费报告[DB/OL].（2022 - 08 - 01）[2023 -07 - 30]. https://baijiahao. baidu. com/s? id = 1714951357691020050&wfr = spider&for=pc.

（二）政策支撑营造了良好的线上线下渠道融合环境

近年来,政府关于推进农产品线上线下融合发展的指导性文件众多,可见国家对建设畅通高效的农产品销售渠道非常重视。

2012 年,全国供销合作总社在《中华全国供销合作总社关于加强供销合作社鲜活农产品流通工作的指导意见》中初步指出,"要加快发展农产品电子商务,推进'网上交易、网下配送',实现网络虚拟店与实体店的融合"①。此后针对农产品质量安全追溯体系、冷链物流建设、互联网基础设施建设的政策文件逐渐增多。

2015 年被称为农村电商元年。这一年国务院与国家部委开始密集制定与出台关于农村电商的政策。如国务院办公厅在《关于推进线上线下互动加快商贸流通创新发展转型升级的意见》中指出,"国家政策支持引领线上线下互动融合,鼓励线上线下优势企业通过战略合作、交叉持股、并购重组等多种形式整合市场资源;引导传统流通零售企业将线下物流、服务、体验等优势与线上商流、信息流、资金流等优势相融合,推动现代流通变革与重构"②。

2018 年生鲜电商取得快速发展,国务院办公厅在《关于推进电子商务与快递物流协同发展的意见》中指出,"要加强规划协同引领。针对电子商务全渠道、多平台、线上线下融合等特点,科学引导快递物流基础设施建设,构建适应电子商务发展的快递物流服务体系"③。

2021 年在疫情防控常态化背景下,商务部、国家发展和改革委员会等

---

① 全国供销合作总社.中华全国供销合作总社关于加强供销合作社鲜活农产品流通工作的指导意见[EB/OL].（2023 - 01 - 30）[2023 - 09 - 30].https：//code.fabao365.com/law_580397.html https：//www.gov.cn/xinwen/2023-01/30/content_5739182.htm.

② 国务院办公厅.关于推进线上线下互动加快商贸流通创新发展转型升级的意见[EB/OL].（2015 - 09 - 18）[2023 - 07 - 30].https：//www.gov.cn/govweb/gongbao/content/2015/content_2946699.htm.

③ 国务院办公厅.关于推进电子商务与快递物流协同发展的意见[EB/OL].（2018 - 01 - 23）[2023 - 07 - 30].https：//www.gov.cn/zhengce/content/2018-01/23/content_5259695.htm?cid=303.

部门在《关于进一步推动农商互联助力乡村振兴的通知》中指出，"要力争到 2025 年，农产品营销渠道进一步拓宽，产销合作关系进一步稳固，初步建立起有形和无形结合、线上和线下融合、产地和销地匹配，畅通高效、长期稳定的农产品产销对接机制"①。

（三）新发展格局下，大食物观促进生鲜农产品线上线下销售融合

中国经济发展目标由高速发展转向高质量发展，在国内国际双循环的新发展格局下，以大食物观为导向，生鲜农产品的线上线下销售渠道融合建设是顺势而为。

2020 年 4 月，习近平总书记在中央财经委员会第七次会议上首次提出："构建以国内大循环为主体、国内国际双循环相互促进的新发展格局。"②以国内大循环为主体，就是要发挥我国超大规模市场的潜力和优势，实施扩大内需战略，要深化要素市场化配置改革，打通生产、分配、流通、消费各个环节，提高国内大循环效率。新发展格局有利于我国需求结构升级和供给能力提升，推动供需在更高层次、更高水平上实现动态均衡，增强高质量发展的内生动力③。聚焦到生鲜农产品领域，销售渠道的升级与融合，为激发国内消费者内需潜力，扩大国内消费市场带来了新的发展机会。

2022 年全国两会期间，习近平总书记在参加政协农业界、社会福利和社会保障界委员联组会时强调，"要树立大食物观，从更好满足人民美好生活需要出发，掌握人民群众食物结构变化趋势，在确保粮食供给的同

---

① 商务部，国家发展和改革委员会.关于进一步推动农商互联助力乡村振兴的通知[EB/OL].(2021 - 09 - 28)[2023 - 07 - 30].http://ltfzs.mofcom.gov.cn/article/ae/202109/20210903204228.shtml.

② 求是.新发展阶段贯彻新发展理念必然要求构建新发展格局[J/OL].(2022 - 08 - 31)[2023 - 07 - 30].http://www.qstheory.cn/dukan/qs/2022-08/31/c_1128960034.htm.

③ 经济日报.从长期大势把握当前形势 统筹短期应对和中长期发展[J/OL].(2020 - 08 - 12)[2023 - 07 - 30].https://baijiahao.baidu.com/s?id=16747732071142600014&wfr=spider&for=pc.

时,保障肉类、蔬菜、水果、水产品等各类食物有效供给,缺了哪样也不行"。线上线下销售渠道的融合,能够有效实现生鲜农产品的产销高效畅通对接,对于践行大食物观、保障食物有效供给至关重要。

（四）冷链物流与大数据技术助推生鲜农产品线上线下销售融合

技术进步是融合发展的前提和保障。互联网技术的应用,有利于解决农产品销售存在的信息不对称问题,有利于促进新型农业经营主体获取和整合信息。此外,物流业的发展、大数据技术以及支付手段的迭代都为线上销售提供了可行性。

首先,物流技术的发展对农产品销售的线上线下融合至关重要。物流技术的升级以及基础设施建设的完善,使得物流服务不再局限于货物交换,也开始具有分析决策和智能执行的基础。

其次,大数据技术推动了线上线下销售渠道的融合发展,消费者在电商平台、微店、小程序等渠道购买生鲜农产品时都会产生浏览、支付及收藏记录等大量数据信息,依据这些信息可以分析消费者的偏好,从而实现精准营销,也有助于改善消费者的购物体验。

最后,支付手段的更新迭代使线上线下销售渠道融合发展更加便利。一方面,消费者在线上购买生鲜农产品时的付款与退款程序更加方便,提高了线上交易的效率;另一方面,支付技术的发展使得消费者与商家之间非面对面的交易变得更加安全,能够有效增强消费者线上购买的意愿。

（五）经营主体积极探索线上线下销售融合以满足消费需求、提高自身收益

一方面,新型农业经营主体为适应新的消费环境、满足消费者对农产品的不同需求,不仅需要开拓多个销售渠道,还要实现线上线下渠道深度融合发展。当下消费者使用线上渠道购买生鲜农产品的频率越来越高,因此新型农业经营主体或依托线上平台销售生鲜农产品,或自建渠道拓展销售路径。同时,消费者具有线下体验需求,农业在三产中的占比虽然逐渐降低,

但其生态功能的重要性逐渐凸显，因此新型农业经营主体开始在原有线下销售渠道的基础上积极设计体验内容，吸引消费者了解农业与农村。

另一方面，为了降低自身成本、提高经营效率与利润水平，新型农业经营主体逐渐开始采取线上线下销售渠道融合发展的策略。传统线下实体店经营主体面临日益上涨的土地、人工成本，为实现持续发展实体的目标，企业开始寻求线上突破；而传统线上的电商企业为提供更加丰富的体验服务开始建设线下销售渠道，或与实体企业如超市合作，或建设自有的线下零售点，如阿里巴巴打造的新零售商超盒马鲜生等。在农产品领域，由于农业生产的分散性，农业经营主体在与批发商、零售商的博弈当中常处于弱势地位，完全依赖外部主体发展线上销售难获得较高利润。因此，为了提高利润水平，新型农业经营主体开始通过私域流量培育、在电商平台开设网店并且通过直播带货等方式实现线上销售渠道的发展，并不断将其与已有的线下销售渠道相融合。

二、生鲜农产品线上线下销售融合的意义与价值

（一）生鲜农产品线上线下销售融合是推进乡村振兴战略的重要一环

党的二十大报告指出，全面推进乡村振兴。全面建设社会主义现代化国家，最艰巨最繁重的任务仍然在农村。坚持农业农村优先发展，坚持城乡融合发展，畅通城乡要素流动。加快建设农业强国，扎实推动乡村产业、人才、文化、生态、组织振兴[①]。2023 年中央一号文件提出全面推进乡村振兴战略，从宏观上看，就是要实现农业高质高效、农村宜居宜业和农民富裕富足，这是总的战略目标。

生鲜农产品线上线下销售渠道融合发展，以生鲜农产品为依托，能够

---

① 高举中国特色社会主义伟大旗帜 为全面建设社会主义现代化国家而团结奋斗：在中国共产党第二十次全国代表大会上的报告［EB/OL］.（2022 - 10 - 16）［2023 - 10 - 25］. https://www.gov.cn/xinwen/2022-10/25/content_5721685.htm.

有效开发农业的多种功能、培育农民的多项技能、发挥农村的多元价值，助力全面推进乡村振兴战略。就农业功能而言，生鲜农产品线上线下销售渠道融合发展能够保障食物供给、提高农民收入、提供旅游休闲场所；就农民技能而言，生鲜农产品线上线下销售渠道融合发展有利于培养符合新时代发展的现代农民，并吸引人才进入农业领域；就农村价值而言，生鲜农产品线上线下销售渠道融合发展使消费者与农村的距离更近，农村不仅是农产品的提供地，更是贴近自然的生态源泉。

（二）生鲜农产品线上线下销售融合是满足人民美好生活需要的必由之路

习近平总书记在党的十九大报告中强调指出："我国社会主要矛盾已经转化为人民日益增长的美好生活需要和不平衡不充分的发展之间的矛盾。"我国城镇化水平逐年提高，城乡一体化发展全面推进，但是城乡经济发展差距仍然较大。我国经济社会发展最明显的短板仍在"三农"。生鲜农产品线上线下销售渠道融合发展能够促进产销高效对接，满足人民对美好生活的需要。一方面，线上线下销售渠道融合发展在供给端能够促进农业产业兴旺，发展农村经济，提高农民收入；另一方面，在销售端能够通过多种渠道为消费者供应生鲜农产品，改善消费体验，满足多样化的消费需求。

（三）生鲜农产品线上线下销售融合是推动健康中国建设的关键途径

党的二十大报告指出，人民健康是民族昌盛和国家富强的重要标志，要"推进健康中国建设"，"把保障人民健康放在优先发展的战略位置"。《"健康中国 2030"规划纲要》指出，到 2030 年要达到目标：主要健康危险因素得到有效控制，食品药品安全得到有效保障。为建设健康中国，引导合理膳食是第一步，需要全面普及膳食营养知识，发布适合不同人群特点的膳食指南。生鲜农产品线上线下销售渠道融合发展，能够通过多渠道宣传饮食文化，引导居民形成科学的膳食习惯，推进健康饮食文化建设，同时能够为消费者保障高质量生鲜农产品的供应，推动消费者从吃饱向吃好、吃得健康转变，助力健康中国建设。

第二节　生鲜农产品线上线下销售融合主要模式及主要问题

生鲜农产品线上与线下销售融合的模式，可以根据消费者购买和体验的场景分为线上体验—线下购买与线下体验—线上购买两种。

一、生鲜农产品线上线下销售融合主要模式

（一）"线上体验—线下购买"模式

线上体验—线下购买模式是指新型农业经营主体在朋友圈、小红书、抖音及电商等平台为消费者提供生鲜农产品的相关信息，通过图文、短视频以及直播的方式使消费者完成线上体验的过程，在消费者产生购买的需求后，实现线下（如商超、大客户订单、生鲜店或采摘等方式）购买生鲜农产品的过程。

（二）"线下体验—线上购买"模式

线下体验—线上购买模式是指新型农业经营主体通过举办线下活动，如亲子活动、采摘等吸引消费者前往农场参观体验，在消费者了解生鲜农产品与农场环境，并对其产生信任后，实现线上如微信群、微店/微信小程序、抖音或政府平台等方式购买生鲜农产品的过程。

通过对上海市 201 位新型农业经营主体的调研[1]可知，其中有54.00%的新型农业经营主体尝试了线上与线下销售融合的方式，大多数

---

[1]　调研详情见本书第三章第二节。

经营主体并不是单纯采取其中一种融合方式，而是两种融合方式配合使用。由图5-1可知，在采取了融合销售的经营主体中，有64.81％的主体选择线下体验—线上购买的融合方式，有70.37％的主体选择线上体验—线下购买的融合方式。

图5-1　新型农业经营主体尝试融合的类型

资料来源：笔者根据调查数据整理。

无论是线上体验—线下购买还是线下体验—线上购买的模式，都是新型农业经营主体为拓宽销售渠道采取的融合方式，均涉及多个环节的配合与联动，包括生鲜农产品可追溯系统的建立、仓储及冷链建设、配送服务与售后人员配置、线上与线下体验内容的设计等。

二、生鲜农产品线上线下销售融合面临的主要问题

笔者通过调研上海浦东新区示范合作社及上海市201位新型农业经营主体后发现[①]，目前新型农业经营主体在生鲜农产品的线上线下销售渠道融合发展的过程中存在一致性与有效性不足的问题。生鲜农产品线上线下销售渠道融合发展的一致性包括四个方面，即产品品质一致、保证价格一致、保证促销力度一致以及保证售前售后服务水平一致。渠道融合的有效性是指存在充足的外部条件与充分的内部资质，使新型农业经营主体有效实现生鲜农产品线上线下销售渠道的融合发展。

---

① 调研详情见本书第三章第二节。

（一）线上线下销售渠道融合发展调研概况

针对影响生鲜农产品线上线下销售渠道融合发展有效性的因素，笔者以深度访谈的形式对上海市部分示范合作社进行了调研，调研内容包括：外部条件方面的影响因素，如政策支持、基础设施建设现状等；内部资质方面的影响因素，如新型农业经营主体资金流转、管理团队运营能力等。

围绕生鲜农产品线上线下销售渠道融合发展一致性的现状，笔者在针对新型农业经营主体的问卷调查中，通过设置李克特量表（Likert scale）测量一致性的实现情况。题项设置如下："请您为线上线下两种方式配合销售时的一致性打分（一致性指线上线下基本一样）"，并提醒受访者分值与一致性的对应关系，即 1＝完全不一致；2＝不太一致；3＝一般；4＝比较一致；5＝完全一致。选项设置为"线上和线下，能够保证产品品质一致"；"线上和线下，能够保证价格一致"；"线上和线下，能够保证促销力度一致"；"线上和线下，能够保证售前售后服务水平一致"。问卷调查结果如图 5-2 所示。

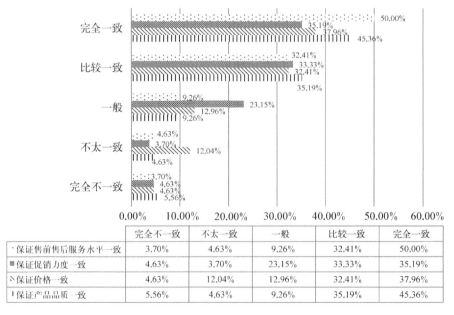

	完全不一致	不太一致	一般	比较一致	完全一致
·保证售前售后服务水平一致	3.70%	4.63%	9.26%	32.41%	50.00%
※保证促销力度一致	4.63%	3.70%	23.15%	33.33%	35.19%
﹀保证价格一致	4.63%	12.04%	12.96%	32.41%	37.96%
｜保证产品品质一致	5.56%	4.63%	9.26%	35.19%	45.36%

图 5-2　新型农业经营主体对融合的一致性评价

资料来源：笔者根据调查资料整理。

（二）线上线下销售渠道的产品品质一致性不足

新型农业经营主体在生鲜农产品线上线下销售渠道融合发展中，为两个销售渠道提供的产品品质的一致性存在欠缺。根据调研结果可知，45.36%的新型农业经营主体认为能够完全保证线上与线下渠道的一致性，35.19%的主体认为能够做到比较一致，只有5.56%的主体认为无法完全保证产品的一致性。根据对消费者的调查，其认为线上与线下销售的生鲜农产品品质会存在一定差异①。

根据针对新型农业经营主体的访谈，线上线下销售的生鲜农产品质量存在差异的原因主要有以下四个方面。

第一，区别于工业品，生鲜农产品存在"非标化"的重要特征。首先在生产端，生鲜农产品的生长过程除了主要受到自然环境的影响外，还受到生产资料投入的影响，如化肥、农药等；同时，农户的栽培与管理水平也存在差异。其次在销售端，缺乏统一的生鲜农产品筛选标准，即使同一供应方销售的生鲜农产品质量也会存在较大差异。

第二，线上销售物流配送存在时间延迟、口感与运损等难以控制的问题。以水蜜桃为例，上海桃咏桃业专业合作社的负责人提到，通常情况下在选择线上销售渠道时装箱发货的水蜜桃只有七八分熟，消费者收到的生鲜农产品其成熟程度以及运损程度不可控，因此与线下直接购买的水蜜桃相比，线上产品的品质会有较大差异。除水蜜桃之外，草莓等生鲜农产品的线上销售渠道也存在类似问题。

第三，新型农业经营主体对不同销售渠道的产品供应存在品质差异。上海越亚农产品种植专业合作社的负责人提到，部分新型农业经营主体在线上、线下渠道销售的过程中会优先维护线下的老客户，将高质量的产品优先供应给线下稳定的大客户，导致线上销售的生鲜农产品质量与线下存在差异。

①　调研详情及数据分析见本书第二章第二节。

第四，新型农业经营主体存在诚信与管理问题。一方面，对线上销售渠道不够重视的新型农业经营主体只在乎短期利益，抱有"有一单赚一单"的侥幸心理，在线上销售时为客户提供的生鲜农产品质量较差，这在很大程度上影响了复购率。另一方面，当合作社的订单数量超出自身供应能力时，新型农业经营主体常会选择用外地的生鲜农产品进行补充售卖，但是选品与质量把控不严格，直接导致了线上销售的生鲜农产品质量与线下销售的存在差异，从而导致退货率较高。

（三）线上线下销售渠道的售前售后服务水平一致性不足

新型农业经营主体在生鲜农产品线上线下销售渠道融合发展中，为两个销售渠道提供售前售后服务的一致性存在欠缺。根据调研结果可知，50%选择线上线下销售渠道融合发展的新型农业经营主体认为可以做到线上线下服务水平的完全一致，32.41%的主体认为能够做到线上线下比较一致，而17.59%的经营主体认为线上线下服务水平的一致性不足。

线上和线下售前与售后服务水平一致性存在欠缺的原因是新型农业经营主体未能为销售渠道融合发展配备专业的运营团队。根据访谈结果可知，新型农业经营主体普遍认为自身线上销售渠道回复客户消息的及时性亟待提高。而未能配备专业团队负责线上的售前与售后服务，原因在于生鲜农产品的线上销售渠道相比线下销售渠道尚处于起步阶段，线上的客户数量有限，而配备专业运营团队的成本过高，收益转化率较低，因此客服工作常由合作社某个社员兼任，服务的有效性与及时性难以保证。

（四）线上线下销售价格与促销力度的一致性不足

在线上线下销售渠道的融合发展过程中，生鲜农产品的价格与促销力度较难一直保持一致。在销售价格方面，根据调研结果，只有37.96%的新型农业经营主体认为线上与线下销售渠道的定价能够做到完全一致，62.04%的新型农业经营主体认为定价的一致性有待提高。在促销力度方面,35.19％的参与线上线下销售渠道融合发展的新型农业经营主体认为可以做到完全一致,33.33％的主体认为能够做到比较一致,23.15％的主体认为只能做到中等水平,而8.33％的经营主体认为不能够做到线上线下促销力度的一致。

线上线下销售价格一致性存在欠缺的原因是生鲜农产品定价还会受到零售商与平台的影响。根据访谈结果可知,新型农业经营主体都倾向于保证线上与线下销售渠道定价的一致性,但是消费者下单时的价格不仅会受到平台自主定价的影响,还会受到各种销售渠道中促销因素的影响。而不同购买渠道的价格不一致,常会导致消费者对新型农业经营主体自身线上线下销售渠道产生不信任。

一方面,促销力度一致性存在欠缺的原因是不同销售渠道的促销方式存在差异,新型农业经营主体较难保证与其保持同频。通常情况下,新型农业经营主体需要配合外部销售渠道的促销方式,但是不同销售渠道的促销方式存在差异,客观上导致了生鲜农产品在销售价格上的波动。例如,在访谈中,生飞农场负责人指出,其针对大客户的订单在基本定价的基础上会给予一定优惠;在其他线下销售渠道中,以超市为例,超市对产品的促销常会通过节假日、积分等方式统一安排,力度大小由超市运营部门拟定。而上海良元农产品专业合作社负责人指出,自身营收目标较难与超市的促销做到同步。另一方面,在线上销售渠道中,以淘宝店铺为例,店铺需要配合电商的各种节日促销进行不同程度的降价。上海桃咏桃业专业合作社负责人指出,通常情况下线下销售渠道的降价时间与力度也难以与线上店铺的促销情况保持完全一致。

（五）仓储与物流等配套基础设施不够完善致融合有效性不足

实现线上线下销售渠道的融合发展需要多种基础设施的配合,但是目前支撑生鲜农产品流通的仓储与物流基础设施建设仍存在不足。

1. 仓储

在仓储方面,仓库数量不足、仓储环境难以满足多样化的生鲜农产品储存条件，使得新型农业经营主体线上线下销售渠道融合发展的有效性较低。农产品尤其是生鲜农产品对仓储设施的要求极高，生鲜农产品具有季节性，在批量上市的阶段，因为供给增加导致的价格下降是无法避免的，而仓储能够延长生鲜农产品的销售周期，能够有效增加利润，但是目前上海市的生鲜农产品仓库数量存在不足。同时，生鲜农产品由于品种多样，对仓储环境如恒温、冷藏、冷冻等不同温度区域的硬件配备要求各不相同，建立符合不同仓储环境的仓库需要投入的成本较高，通常情况下新型农业经营主体很难承担其费用。

2. 物流

在物流方面，当前生鲜农产品物流配送虽然取得了阶段性成就，但是仍然存在较多困难，使得线上线下销售渠道融合发展的有效性降低。具体来看，主要体现在以下两个方面：

一方面，冷链物流建设不够完善。我国冷链基础薄弱、专业化程度不高，仍面临着流通比重低、损耗大、成本高的局面。根据中物联冷链委数据，目前我国水果、蔬菜等生鲜农产品流通损耗率分别达到11%、20%以上，而发达国家果蔬损耗率一般能够控制在5%以下。

另一方面，物流成本过高。以利润空间低的蔬菜为例，一包生菜原价5元，但是线上销售时需要标价15元才能够覆盖物流成本，新型农业经营主体在转移成本的过程当中无形增加了消费者的经济压力，会在一定程度上倒逼消费者减少线上销售渠道的购买次数。为了拓展线上销售渠道，抢占线上销售市场，供给方需要承担一定的物流成本，但这也给新型农业经营主体带来较大的压力。

（六）新型农业经营主体运营能力欠佳致融合效率较低

新型农业经营主体由于成本约束与资金周转能力有限等问题不能灵活调整融合决策，同时缺乏信息化建设与专业的运营团队，导致线上线下销售渠道融合发展的效率较低。

首先，由于受到成本约束，新型农业经营主体难以在短时间内尝试新的融合方式。因为融合前期投入成本较大,加之生鲜农产品生产具有季节性,导致新型农业经营主体的现金流与资金运营不像第二产业和第三产业具有连续性,所以即使融合运营效果不佳,新型农业经营主体受到成本约束,也很难在短时间内完全放弃原有的模式并开拓新的高成本营销模式。以直播带货为例,新型农业经营主体逐渐选择在抖音、微信小程序等平台直播的方式宣传其产品,需要投入大量精力与时间来积攒客户与流量,或通过购买平台流量的方式获取影响力,而这些需要花费较高的时间成本与经济成本,因此即使直播带货效果欠佳,新型农业经营主体也难以直接放弃这种方式。

其次,新型农业经营主体缺乏信息化建设与运营管理的团队,导致融合的效率低下。对传统农民而言,电子商务技术仍然是新兴事物,合作社、家庭农场等新型农业经营主体的管理基础相对落后,其核心成员通常只有合作社理事长或农场主,他们对渠道融合的运营管理与信息化建设的认识不够专业,大多数开展融合模式的主体只能模仿市场当中已有的成功模式,而实质的运营思路仍然是单一地依靠线下销售的管理方式来发展融合模式的业务,缺乏完整的融合发展管理体系。此外,运营过程中还存在人员配备不合理、服务滞后与线上线下销售渠道同步性较差等问题,且由于缺乏网络平台建设、维护以及数据挖掘的能力,融合的效果常会打折扣。

第三节 生鲜农产品线上线下销售融合的发展建议

随着"互联网＋"的深入推进,生鲜农产品线上线下销售渠道的融合发展成为新型农业经营主体的重要销售模式。但笔者调研发现,生鲜农产品线上线下销售渠道的产品品质一致性与售前售后服务水平一致性不足,线上线下销售价格与促销力度也不统一,仓储与物流等配套基础设施不够完善,新型农业经营主体运营能力欠佳。据此,笔者提出以下对策建议。

一、政府主导加快推进生鲜农产品生产销售标准化进程

为实现生鲜农产品线上线下销售渠道的有效融合，政府部门应主导生鲜农产品的生产、销售标准化进程，并支持新型农业经营主体进行新品种的研发。

政府部门要推动生鲜农产品生产和销售的标准化进程。生鲜农产品的标准化是指生产端化肥、农药等生产资料投放量的标准化，销售端包装及运输的标准化等。目前生鲜农产品线上线下融合发展一致性欠缺的根源在于生鲜农产品的"非标准化"，因此为更好地实现生鲜农产品线上线下销售渠道的融合，政府部门需要主导标准的建立，如对生鲜农产品生产过程中化肥、农药等生产资料的施用量设定标准，并为农户提供关于种植与生产管理的培训，定期对生鲜农产品进行抽样检测。在生鲜农产品的销售端，政府部门也要加快对包装和运输等环节的标准设定，并促进新型农业经营主体与市场参与主体如物流部门实现包装、运输等环节的规范统一。

同时，政府要鼓励新型农业经营主体与高校科研人员合作，积极研发新品种，并对新品种的培育给予一定补贴。为满足消费者多样化需求、开拓新市场、提高线上线下销售渠道融合效率，新型农业经营主体需要不断研发新品种。但是体量小的合作社因缺少人力、财力、物力，较难实现技术的突破，需要政府部门提供支持，如通过"产教学研"相融合的方式，推进新型农业经营主体与高校科研人员合作，建立农业实践与研发基地，同时吸引人才加入农业产业。

二、政府助力建设区域性生鲜农产品仓储与物流基础设施

线上线下销售渠道融合发展要坚持"政府引导、市场运作"的原则，促进生鲜农产品仓储与冷链物流等基础设施的转型升级，加强冷链信息化建设。

首先,政府要加强生鲜农产品仓储与冷链物流基础设施建设。新型农业经营主体在线上线下销售渠道融合发展过程中存在共性的政策需求,即仓储与物流的建设。目前仓储条件不完善、物流成本高昂、冷链物流覆盖面不够等问题,是阻碍生鲜农产品线上线下销售渠道有效融合的重要原因之一。因此要由政府主导,在生鲜农产品供给量较大的集散和枢纽区域,建立一批满足不同温度需求的冷冻、冷藏和保鲜仓库等仓储设施,提高生鲜农产品的配送效率,保障生鲜农产品在运输过程中的品质,延长生鲜农产品的供应时间。

其次,政府需协同市场打通生鲜农产品线上销售的"最后一公里",打造线上线下全覆盖的社区终端服务体系。要促进生鲜农产品电商企业积极建设社区冷链物流系统,打造线上线下全覆盖的社区终端服务体系。对于商超等传统渠道而言,冷库储存、冷链配送相对成熟,但对于以社区电商为代表的新兴渠道而言,冷链履约则是对平台的考验。此外,冷链运输的效率也有待提高。因此,市场力量要促进生鲜农产品电商企业加快对冷链物流的投入使用,政府也需要起到引导与监督作用。

最后,政府引导企业联合开发打造冷链物流信息平台。集供应链管理和资源整合服务于一体的冷链物流信息平台,可实现物流信息互通,形成方便、快捷、协同的冷链物流网络服务系统。目前我国冷链信息化程度低,拥有物流信息服务系统的企业较少,在生鲜农产品流通过程中,部分企业出现信息化管理断链以及产品质量和安全监控断链等现象,这会影响冷链物流的运输效率,进而影响消费者对生鲜农产品的满意程度。因此,需要政府引导多个企业联合打造冷链物流信息化平台,加强企业之间的合作,促进信息共享,同时各企业内部也需要加强自身的信息化建设,引进相关的信息技术,如无线通信技术、无线射频技术(RFID)以及 GPS 定位技术等。

三、新型农业经营主体专业化运营提升线上线下销售融合效率

市场的效率优先原则要求新型农业经营主体完善团队配备、提升管

理能力，要找准产品定位、深度挖掘客户需求、实现精准营销，要告别传统模式，实现公司化运作，以夯实生鲜农产品线上线下销售渠道融合发展的基础。

（一）组建或聘请专业运营团队

新型农业经营主体要组建或聘请专业的运营团队，根据自身情况建立完整的融合发展体系。目前新型农业经营主体在线上线下销售渠道融合发展过程中的服务一致性有待加强，融合的效率也较低下，因此引入专业的运营团队至关重要。运营团队不仅要负责融合渠道的售前与售后服务，还要保证为客户提供及时、有效的服务。人才的获取，一方面可以通过聘请市场上成熟的运营团队，另一方面政府要加大对农业产业的宣传，联合高校培养具备农业技术、经济管理背景的人才，为农业领域不断输入新鲜血液。

（二）加强客户信息管理

新型农业经营主体要加强对线上线下销售渠道的客户信息管理。客户信息管理指的是收集客户的基本情况，如性别、学历、收入水平等信息，还包括客户购买生鲜农产品的数据、浏览点赞收藏网页的数据等，并且能够对收集到的数据进行相关分析。新型农业经营主体要提高数据分析的能力，通过分析不同销售渠道的消费者偏好，进行产品定位与精准营销，以兼顾可持续发展与利润最大化。

（三）要培养新型农业经营主体的融合意识

融合意识是指新型农业经营主体对生鲜农产品线上线下销售渠道融合发展的正确认识，包括对不同类型生鲜农产品销地的选择、对不同类型生鲜农产品在不同渠道销售比重的决策等。

一方面是生鲜农产品的销地选择，上海市本土种植的生鲜农产品规模小，故追求高品质与高价格，如果过分强调生鲜农产品的"市外"市场以及跨区域流通,可能不符合当下生鲜农产品的流通现状,会导致高运损、高成本、低利润,而优先供应上海居民则能够提高生鲜农产品的流通效率,降低流通成本从而提高利润率。

另一方面是不同生鲜农产品的销售渠道选择,新型农业经营主体要提高融合意识,充分认识生鲜农产品的特性,为不同的生鲜农产品选择合适的销售渠道。如草莓、水蜜桃等易受运损的生鲜农产品,应尽可能减少线上销售的比例,在能够保证质量的基础上再批量投放;如西瓜、橙子等受运损程度较小的生鲜农产品,可以适当提高线上销售的比例,优化资源配置。根据不同特性的生鲜农产品侧重不同的销售渠道才能够实现有效融合。

四、优化消费者体验,实现生鲜农产品线上线下销售的客户增长与相互引流

生鲜农产品线上线下销售渠道的融合发展需要新型农业经营主体加强线上、线下体验内容的优化,以拓展新客户,并充分利用已有的客户资源,完成线上与线下销售渠道的相互引流。

第一,新型农业经营主体要加强线上、线下各销售渠道中体验内容的优化。线上体验内容的优化包括图文、短视频、直播等内容的专业设计。根据中国互联网络信息中心的数据,截至 2023 年 6 月,我国网民规模达 10.79 亿,做好线上体验内容的优化可以吸引更多的消费者了解生鲜农产品从而成为潜在客户。新型农业经营主体要提升宣传推广的能力,针对不同类型消费者推送不同类型的生鲜农产品,实现精准营销。线下体验可以让消费者直接参与生鲜农产品的种植、包装销售过程中,这是提高客户黏性的重要手段之一。优质的线下体验内容可以提高消费者对生鲜农产品的复购率。因此新型农业经营主体要加强对线下体验内容的设计,包括活动前期的宣传、活动内容的设计,如农场根据季节安排插秧、割水稻或采摘活动等,同时活动结束后的客户追踪与产品

定向营销也非常重要。

第二，新型农业经营主体要加强线上、线下销售渠道之间客户的相互引流。客户引流是指让只在线上销售渠道购买生鲜农产品的消费者尝试通过线下的销售渠道购买，或让只在线下销售渠道购买的消费者尝试线上销售渠道购买。通过线上与线下销售渠道之间的相互引流，一方面可以扩大各个销售渠道的客户群体，另一方面可以共享客户信息从而实现更好的营销推广。因此，对于以线下销售渠道为主的新型农业经营主体而言，在发展渠道融合时可通过向大客户定向发送直播信息、短视频进行推广，也可通过在零售点的产品货架以及产品包装上添加官方账号的二维码等方式，推进线上销售渠道的宣传推广；对于以线上销售渠道为主的新型农业经营主体而言，在发展渠道融合时要针对固定的线上客户群体进行推广引流，通过购物卡、补贴返现、发放优惠券等方式引导线上客户的线下购买。

第四节　上海市新型农业经营主体线上线下销售融合典型案例

传统的农户由于成本、技术的限制，大多只能选择线上或线下销售渠道的一种。随着新兴业态的不断发展，新型农业经营主体在不断拓展新的销售渠道，其中有从主打线上销售渠道逐渐融合建设线下销售渠道的成功案例，也有主打线下销售渠道逐渐探索融合线上销售渠道的成功案例。

一、从线上到线下——百欧欢有机生态农场销售融合模式

（一）百欧欢有机生态农场概况

百欧欢有机生态农场隶属于上海百欧欢农产品有限公司，成立于

2004 年,占地 500 亩,一年种植的有机蔬菜种类有 300 多种,全透明、开放式的百欧欢有机生态农场是集有机种植、研发创新、绿色行销、生态旅游、环保教育于一体的现代化有机农场。

（二）百欧欢有机生态农场销售渠道的融合发展

百欧欢有机生态农场销售渠道从以线上渠道为主,不断拓展至线下渠道,并且使二者相互融合,如今其线下销售额的占比已经达到营收额的 70%。

百欧欢最初的销售形式是线上宅配,从最开始只有十几个客户到如今发展为拥有 400 多个稳定下单的客户。宅配客户是支持百欧欢发展有机农场的动力。百欧欢最早的模式是发送表格给客户,客户通过勾选菜品的方式订购,农场负责汇总并提供产品。随着互联网的发展,现在的客户通过小程序订购下单,农场负责配送。

随着口碑的积累,百欧欢有机农场的市场进一步扩大,不仅为宅配客户提供有机蔬菜,而且也开始建设线下的销售渠道。在百欧欢的线下渠道中销售量占比较大的是超市,如上海的麦德龙超市、城市超市（City Super）等。百欧欢目前能够有效供应上海 30 家麦德龙门店的有机蔬菜。百欧欢根据产品种类打造了不同的品牌系列:芽苗菜、花卉这一类的产品以"安播食芽"品牌经营,蔬菜以"百欧欢"品牌经营和管理,农业旅游餐饮以"达乐厨房"品牌经营。不同类型的产品都有相对应的销售渠道,芽苗菜、花卉主要供应酒店渠道,以有机方式种植的产品,其安全性能够得到较好的保障,因此能够满足酒店对食材品质的需求。随着与客户信任的逐步加深,高档酒店客户也会采购农场的有机蔬菜,但是目前订单量较少。

入园体验也是线下销售的重要渠道。百欧欢的会员可以享受采摘体验、手工活动等会员福利,这些活动同样也对非会员付费开放。体验是二次消费的过程,消费者通过实地采摘的方式,可以了解到百欧欢有机生态农场的环境和生鲜农产品的种植过程,并加深对有机蔬菜的认识。线下体验也是维护宅配客户的重要方式之一，能够起到较好的客户沟通作用。

（三）百欧欢有机生态农场线上线下销售渠道融合发展面临的问题

百欧欢有机生态农场线上线下销售渠道融合发展面临的问题主要包括以下三个方面。

第一，难以平衡线上销售的成本和消费者多样化的需求。线上销售渠道中，一方面，宅配渠道物流成本逐渐上升，百欧欢体量较小不能够自建物流团队；另一方面，满足消费者需求与提升土地利用率存在一定矛盾。为满足宅配客户的多样化需求，百欧欢种植的品种一年高达200个，农场负责人在访谈中提到，在有限的规模下，种植较多品种会导致土地的利用率降低、产品的产值降低，但种植技术与客户售后服务的成本却非常高。因此，满足消费者多样化的需求与土地利用率的提升这两大问题有待进一步平衡。

第二，线下销售阻碍较多。线下销售渠道中，首先，食品加工与餐饮服务难以发展。由于加工资质不足，百欧欢有机农场为延伸加工食品而创建的品牌"达乐厨房"已经逐渐停止运营，游客线下体验的餐饮服务也难以继续提供，这给线下销售的发展带来阻碍。其次，线下销售渠道的产品新鲜度难以保证。一方面，如超市等渠道会因零售商对产品处理不当，影响产品新鲜度乃至品牌声誉；另一方面，由于物流的底端冷链运输无法保证，销往长三角等地区的产品在温度较高时的损耗会超过一半，且物流成本昂贵。最后，供应量与商超的需求量不匹配。此外，农场提供的产品具有季节性，难以满足商超全年供应的需求。

第三，客户群体有待进一步拓展。百欧欢在线上线下销售渠道融合发展的过程中，虽然能够保证产品质量、价格与售后服务的基本一致，但是线上与线下销售渠道之间的相互引流仍显不足，客户群体分析与追踪营销推广的工作开展不够，尤其是针对线下销售渠道的客户欠缺细致了解，未能将其有效转化为线上销售渠道的忠诚客户。

（四）百欧欢有机生态农场线上线下销售渠道融合的发展策略与政策需求

百欧欢有机生态农场线上线下销售渠道融合的发展策略集中在两个方面：首先，加强客户引流。通过发放优惠券等方式引导线上宅配客户进行线下购买，通过在线下销售的产品包装上添加百欧欢小程序二维码、在商超柜台区域张贴二维码来宣传线上销售渠道，从而引导消费者充分利用两个渠道购买产品。其次，加强客户管理。通过分析消费者的购买数据，得到消费者的消费偏好，从而调整农场种植结构，相应减少消费较少的产品种类，以达到提高种植效率、降低售后服务成本的目的。

百欧欢有机生态农场线上线下销售渠道融合发展的政策需求集中在物流与加工资质方面。首先是物流成本的补贴。物流成本是农业经营主体线上线下融合发展过程中面临的较大阻碍。希望政府部门能够对达到一定体量的新型农业经营主体的物流成本提供补贴，或引导物流公司适当降价。其次是加工资质的授予与监督。百欧欢线下的餐饮业与"达乐厨房"品牌都是其营收的重要来源，希望政府部门能够设计一定的审核机制及政策，允许农场发展农产品加工业务，以更好地促进一、二、三产业融合。

二、从线下到线上——上海生飞家庭农场销售融合模式

（一）生飞农场概况

生飞家庭农场位于上海市浦东新区宣桥镇，占地 106 亩。目前，生飞家庭农场以水稻种植为主，主要模式是稻菇轮作、稻鸭共生。农场产品以大米为主，一部分是生飞农场种植的大米，价高质优；一部分来自合作社与周边农户，质平价廉，主要用于供应企事业单位食堂。

（二）生飞农场销售渠道的融合发展

生飞大米的销售渠道从线下开始发展，通过不断拓展线上销售渠道来实现线上线下销售渠道的融合。目前其线下销售额占比约为 70%，线上销售额占比约为 30%，主要的销售地为上海地区，少量产品会销往长三角地区。

在线下销售渠道方面，农场近一半产品销往大客户，如清美集团、电商平台等，另一半供应散客，如社区团购等，并与政府平台合作。在与清美集团合作的过程中，生飞品牌大米能够供应清美集团上海区域的 850 多家门店，并且有后续配套服务，例如产品的摆放、宣传与促销等。在与盒马等电商平台的合作过程中，相比清美要求供应商使用其统一的包装以外，盒马等电商平台对此并不做要求，因此能够更好地宣传生飞的品牌。此外，生飞农场也与政府平台如孙桥优选、鱼米之乡进行合作，企业作为产业联合体，收购该区域农户的农产品，政府以企业生产的加工品的营业额为标准，给予一定比例的产业化联合体销售补贴。

除此之外，生飞农场非常重视线下渠道中的体验与农产品展销。消费者可以通过亲子活动在农场直接购买农产品。生飞农场还会借助政府、协会组织的展会向市民宣传，从而提高社区团购的比例。

线上销售方面，生飞农场的渠道包括公域流量的直播带货与私域流量的订购。随着互联网与直播经济的兴起，农场主为了拓展线上销售渠道，开始尝试直播带货，重视打造个人 IP，讲述品牌文化故事，塑造匠心人设。目前主要以微信小程序直播为主、抖音直播为辅，因为农场的工作人员对微信小程序更加熟悉，后台的运营管理更加方便，故多采用小程序直播；同时，逐渐增加在抖音直播的频率，平台粉丝量在积累当中，但是若想在公域平台获取更多流量则需要资金投入来引流，并且额外的橱窗费也非常昂贵。

（三）生飞农场线上线下销售渠道融合发展面临的问题

生飞农场线上线下销售渠道融合发展面临的问题主要包括以下三个

方面。

第一,线上销售仍在探索阶段。线上销售渠道中,生飞农场虽然在直播带货上投入了较多精力,但仍存在很多问题亟须解决,如对市场了解不透彻、专业运营团队欠缺以及直播内容形式单一等。农场自身运营团队独立完成短视频的脚本撰写、拍摄等环节存在困难,但雇佣外部团队运营会存在外包团队积极性、主动性以及目标很难与生飞农场达成一致的问题。

第二,线下体验的利润空间被压缩。线下销售渠道中,生飞农场的线下体验如亲子活动一般交给第三方承办,委托他们招揽客户,但通常第三方利润抽成较高,且还要以优惠价格出售产品以吸引更多客户,销售利润进一步被压缩。

第三,促进线上线下融合的人手不足。线上线下销售渠道融合的过程中,一方面,虽然能够做到按照产品种类对客户进行分类,定时对客户进行回访,追踪客户的消费习惯,但是由于技术限制与售后服务人员有限,针对消费者进行后期追踪与精准营销非常困难;另一方面,将线下销售渠道的客户往线上销售渠道引流的力度和效果还不够。

此外,生飞农场的品牌建设也面临问题。首先,生飞农场主认为品牌建设需要独具特色的品牌价值观,这需要投入大量时间、精力及财力。其次,目前生飞农场借助政府平台宣传品牌,但后续的具体品牌运营工作也要持续推进,比如生飞农场自有网站的建设。最后,品牌建设需要打造能够吸引消费者注意力的爆款产品,但是目前农场打造爆款产品存在困难。

(四)生飞农场线上线下销售渠道融合的发展策略

未来生飞农场线上线下销售渠道融合的发展策略集中在两个方面。

首先,与专业运营团队合作,完成直播、短视频内容设计、策划、宣传推广等一系列工作,并且在此基础上与品牌形象相结合,完成生飞农场的自有网站建设等一系列线上销售渠道拓展与品牌打造的基础工作。

其次,加强将线下销售渠道的客户向线上销售渠道引流,加强对客户信息的管理工作。通过向大客户定向发送直播信息、推送短视频进行精准营销，并通过在社区生鲜店的生飞货架以及生飞农场产品包装上添加官方账号二维码等方式推进线上销售渠道的宣传推广。

索 引